Historia Vikinga

500 datos interesantes sobre
los vikingos

© **Copyright 2023 - All rights reserved.**

The content contained within this book may not be reproduced, duplicated, or transmitted without direct written permission from the author or the publisher.

Under no circumstances will any blame or legal responsibility be held against the publisher, or author, for any damages, reparation, or monetary loss due to the information contained within this book, either directly or indirectly.

Legal Notice:

This book is copyright protected. It is only for personal use. You cannot amend, distribute, sell, use, quote, or paraphrase any part, or the content within this book, without the consent of the author or publisher.

Disclaimer Notice:

Please note the information contained within this document is for educational and entertainment purposes only. All effort has been executed to present accurate, up-to-date, reliable, and complete information. No warranties of any kind are declared or implied. Readers acknowledge that the author is not engaging in the rendering of legal, financial, medical, or professional advice. The content within this book has been derived from various sources. Please consult a licensed professional before attempting any techniques outlined in this book.

By reading this document, the reader agrees that under no circumstances is the author responsible for any losses, direct or indirect, that are incurred as a result of the use of the information contained within this document, including, but not limited to, errors, omissions, or inaccuracies.

Índice de contenidos

Índice de contenidos 3
Introducción 4
La expansión vikinga (790s-1066) 5
Las incursiones vikingas 8
La colonización vikinga en Inglaterra (793-1016) 10
La batalla de Stamford Bridge (1066) 12
Exploración del Mediterráneo (800-1050) 15
Exploración de América del Norte (1000-1050) 16
Comercio y exploración 19
Construcción naval vikinga 21
Navegación 24
Sociedad vikinga 27
Agricultura 29
Las mujeres durante la era vikinga 31
Política 34
Guerra vikinga 38
Armas 42
Cultura vikinga 44
Literatura 46
Idioma 47
Música 49
Ropa 51
Joyería 53
Metalurgia 55
Arte y arquitectura 56
Religión y mitología nórdica (800-1100) 58
Costumbres funerarias vikingas 62
Vikingos famosos (800-1066) 65
Declive 67
Conclusión 68
Fuentes 69

Introducción

Durante siglos, los vikingos han cautivado e intrigado la imaginación de la gente. Este libro explorará la fascinante historia de la vida vikinga desde la década de 790 hasta 1066 de nuestra era, un periodo de tiempo en el que su influencia se extendió por toda Europa y más allá, hasta Norteamérica. A través de este viaje, revelaremos datos interesantes sobre la expansión vikinga, su asentamiento en Inglaterra, el comercio y la exploración, las incursiones, la política, la guerra, la religión, el arte, la arquitectura y mucho más.

Descubriremos cómo fueron capaces de construir un imperio que abarcaba continentes utilizando innovadoras tecnologías de construcción naval y avanzadas técnicas de navegación. También crearon complejas redes comerciales entre lugares distantes y elaboraron bellas obras de arte que reflejaban su creencia en los dioses. ¡Así que únase a nosotros mientras exploramos la asombrosa historia de los vikingos!

La expansión vikinga
(790s-1066)

Este capítulo explorará la **extraordinaria historia de la expansión de los vikingos** y su duradero impacto en Europa. Echaremos un vistazo a veinticinco datos interesantes sobre su cultura, creencias, herramientas y arte. Descubra cómo **utilizaban la naturaleza para recorrer grandes distancias a través de océanos o ríos** y así poder atacar ciudades o asentamientos desprevenidos durante el trayecto. Desde el establecimiento de nuevos sistemas monetarios hasta el comercio de mercancías procedentes de tierras lejanas y la forja de complejas redes comerciales entre distintas regiones, **estos intrépidos exploradores han dejado una huella indeleble** en nuestro mundo moderno.

1. **La palabra "vikingos" hace referencia a las personas que realizaban incursiones y comerciaban en ultramar.** Sólo un pequeño número de escandinavos eran guerreros a tiempo completo. **La mayoría de las personas que realizaban incursiones vikingas eran granjeros, pescadores o herreros** que vieron la oportunidad de enriquecerse de forma rápida y de ver mundo.

2. **Las incursiones vikingas comenzaron a finales del siglo VIII** y se extendieron a muchas partes de Europa, el norte de África y Asia.

3. **Los vikingos procedían de tres lugares: Noruega, Dinamarca y Suecia,** y fueron llamados "Norsemen" o "Northmen" por los anglosajones.

4. **Hoy en día, algunas personas utilizan la palabra "nórdico" para describir a todos los vikingos,** pero en lo que respecta a los vikingos, **"nórdico" sólo se refería a los noruegos.**

5. **Sus estilizados barcos les permitían recorrer grandes distancias** rápidamente a través de océanos o ríos para poder atacar ciudades o asentamientos insospechados por el camino.

6. **Gran Bretaña era especialmente vulnerable a los ataques vikingos** porque era una isla y podía ser asaltada desde todos los flancos.

7. **Muchos ejércitos vikingos se asentaron en las tierras capturadas en lugar de asaltarlas.** Estas colonias se convirtieron entonces en asentamientos permanentes conocidos como Danelaw en Inglaterra.

8. **Antes de 1066, Inglaterra estaba dividida en diferentes reinos. Se atribuye al rey Alfredo el Grande de Wessex** el mérito de haber unido a gran parte de Inglaterra contra las invasiones vikingas al dirigir a su ejército a la batalla contra una gran fuerza de asaltantes daneses llamada el Gran Ejército Pagano en 877/78.

9. Además de asaltar las ciudades costeras, **los vikingos remontaron los ríos hasta importantes zonas del interior.** Por ejemplo, en Francia, saquearon París dos veces, una en 845 y otra entre 885 y 886.

10. **Los vikingos también fueron grandes comerciantes y exploradores,** ¡llegando tan al oeste como Terranova, Canadá, y al este hasta el mar Negro!

11. **Los vikingos también comerciaron con el Imperio bizantino en Constantinopla,** la ciudad más rica de Europa en aquella época. Algunos se quedaron y se convirtieron en la guardia personal del emperador.

12. Además de comerciar con mercancías como pieles y colmillos de morsa procedentes de sus viajes al extranjero, **los vikingos construyeron ciudades, como Dublín,** a lo largo de los ríos, lo que facilitó el comercio en su país y en el extranjero.

13. Los nórdicos establecieron asentamientos permanentes a lo largo de los ríos, como **Kyiv** en el **río Dniéper** (Ucrania) y York en el **río Ouse** (Inglaterra). Estas ciudades comerciales se convirtieron en importantes centros que enlazaban las rutas comerciales de este a oeste.

14. **Los vikingos eran conocidos por su arte y su artesanía.** Esto incluía tallar o prensar intrincados diseños en objetos de madera y metal, tejer coloridos dibujos con hilo o lana y forjar objetos de metal como joyas o escudos.

15. **Durante su expansión por Europa,** los vikingos se encontraron con muchas culturas diferentes. Les encantaban los tejidos de seda bizantinos, y algunos adoptaron la astronomía árabe, que estaba muy por delante de su comprensión del universo

16. Antes de emprender sus viajes por Europa, los hombres del norte pedían permiso a sus **dioses celebrando un ritual llamado *blót*, que consistía en sacrificar animales** o posesiones valiosas con el fin de buscar la protección divina para su travesía.

17. Para ayudarse en la navegación durante los largos viajes por mar, a menudo tormentosos y nublados, los **vikingos utilizaban piedras solares,** que les permitían ver el resplandor del sol tras las nubes.

18. **Muchos navíos vikingos llevaban cabezas de dragón talladas en ambos extremos del barco.** Se creía que esto ahuyentaba a los malos espíritus mientras navegaban por aguas traicioneras.

19. **Los vikingos utilizaban el miedo como arma.** A veces, enviaban a sus guerreros más feroces e intrépidos, conocidos como berserkers, por delante del cuerpo principal de las tropas.

20. **Los vikingos eran conocidos por sus tácticas y su ferocidad cuando invadían la tierra de un enemigo.** Algo que hacía a los vikingos especialmente temibles era su creencia de que morir en la batalla les garantizaba un lugar en el gran salón de Odín (Valhalla) para toda la eternidad.

21. **No todas las incursiones vikingas tuvieron éxito.** Algunas acabaron en fracaso debido a la escasez de tripulación de los barcos o a las malas condiciones meteorológicas, que a menudo les hicieron dar media vuelta antes de llegar a su destino. Y aunque los vikingos eran formidables, no siempre ganaban las batallas que libraban.

22. **Un famoso explorador vikingo fue Leif Erikson,** a quien se atribuye el descubrimiento de Norteamérica quinientos años antes de que Cristóbal Colón cruzara el océano Atlántico.

23. Un ejemplo famoso del alcance de su influencia puede verse en los topónimos. Por ejemplo, **el nombre "Rus" procede probablemente de una palabra finlandesa para referirse a los vikingos suecos,** Ruotsi, que significa "los remeros". "Rus" era el nombre del clan vikingo y del **territorio en Ucrania.** No se refería a la gente de la zona, aunque se dice que la palabra "Rusia" procede de ella.

24. **Muchos lugares nombrados con un sufijo terminado en "-by", como Whitby** (Inglaterra), fueron en su día asentamientos vikingos en una colina con vistas a una bahía. Estos lugares se conocen ahora comúnmente como **"ciudades vikingas"**.

25. **Según los historiadores, el final de la Era Vikinga tuvo lugar en 1066,** cuando los vikingos al mando de **Harald Hardrada** fueron derrotados por el **rey Harold Godwinson** y su ejército anglosajón en Stamford Bridge.

Historia Vikinga

Las incursiones vikingas

Este capítulo explorará la increíble destreza y ferocidad de **las incursiones vikingas del 793 al 1012**. Descubriremos quince **datos sobre sus barcos y las armas** que utilizaron. También conoceremos las influencias culturales que dejaron a su paso. ¡Prepárese para asombrarse mientras descubrimos **la extraordinaria historia de las incursiones vikingas!**

26. **La Era Vikinga comenzó hacia el año 793 y duró hasta 1066.**

27. **Durante las incursiones, llevaron a cabo ataques por sorpresa contra pueblos y ciudades** a lo largo de las costas de Europa con una rapidez y ferocidad que conmocionó a muchos europeos de la época.

28. **La mayoría de estos ataques se produjeron en Inglaterra,** pero otros países, como la actual Francia, Irlanda, Escocia, Polonia, Rusia y Ucrania, también sintieron los efectos de las incursiones vikingas.

29. **La mayoría de los historiadores creen que las incursiones vikingas estaban impulsadas por la necesidad de recursos y tierras** que no estuvieran ya controladas por poderosos jefes en casa, así como por el deseo de explorar nuevos territorios.

30. **Las primeras incursiones vikingas fueron relativamente pequeñas. No atacaban objetivos fuertes.** Practicaban tácticas de ataque y huida, desapareciendo en el mar antes de que el enemigo pudiera reunir suficientes hombres para derrotarles.

31. **La mayoría de los vikingos eran agricultores o pescadores** durante los veranos en los que no realizaban incursiones. Criaban animales como vacas, ovejas, cerdos y gallinas en casa para tener comida suficiente para todo el año.

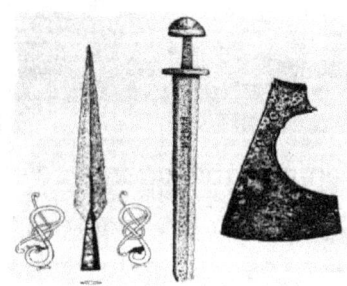

32. **Muchos vikingos utilizaban hachas como arma principal** para luchar durante las incursiones, pero también tenían espadas, lanzas y arcos.

33. Se protegían de las armas enemigas con cascos de hierro o cuero. Los vikingos nunca utilizaron cascos con cuernos.

34. Los guerreros vikingos creían en mostrar valor y fuerza durante la batalla. A menudo iban a la batalla sin armadura porque querían demostrar su valentía personal contra enemigos que tenían armas más sofisticadas que ellos.

35. La mayoría de los guerreros vikingos eran enterrados llevando joyas, que eran un símbolo de su riqueza y estatus. Podían ser enterrados con anillos, broches o brazaletes de oro y plata.

36. Durante las incursiones, los guerreros vikingos se llevaban consigo esclavos a Escandinavia. Esto incluía a hombres, mujeres y niños.

37. Las incursiones vikingas dejaban a menudo destrucción a su paso, ya que los vikingos saqueaban y quemaban aldeas en busca de botín y gloria.

38. En ocasiones, los asaltantes vikingos daban a elegir su destino a un pueblo o asentamiento. Esencialmente decían: "Pagadnos y nos iremos. Si no lo hacéis, moriréis".

39. Hacia 1016, la mayoría de estas incursiones habían cesado, a medida que el cristianismo se extendía lentamente por Escandinavia y otras partes de Europa. Sin embargo, todavía existen relatos sobre incursiones a pequeña escala que han tenido lugar a lo largo de la historia, ¡incluso hasta los tiempos modernos!

40. Aunque existen muchas historias sobre los vikingos como bárbaros crueles, es importante recordar que **las incursiones vikingas formaban parte de una rica cultura** que poseía sus propias costumbres, creencias y valores, una cultura que ha contribuido a dar forma a nuestro mundo actual.

La colonización vikinga en Inglaterra
(793-1016)

Este capítulo explorará la fascinante historia del asentamiento vikingo en Inglaterra. Desde la introducción de nuevas monedas hasta el comercio de mercancías procedentes de tierras lejanas, descubriremos cómo estos intrépidos exploradores dejaron una huella indeleble en Inglaterra a través de estos veinte datos curiosos.

41. Muchos historiadores marcan el inicio de **la Era Vikinga** como la incursión en el monasterio de Lindisfarne, **en la costa noreste de Inglaterra, en el año 793.** En realidad, hubo una serie de **incursiones vikingas** más pequeñas **en los años anteriores,** pero Lindisfarne era un lugar religioso extremadamente importante para los ingleses.

42. **En 865, un enorme ejército de vikingos invadió Inglaterra.** Los ingleses lo llamaron el **Gran Ejército Pagano** porque, en aquella época, los vikingos no eran cristianos. En términos generales, los "paganos" eran personas que no creían en Dios.

43. **De 876 a 911, el líder vikingo Guthrum** gobernó Anglia Oriental, en el sureste de Inglaterra.

44. **En 954, gran parte de Inglaterra estaba bajo control vikingo.** El país se dividió en dos reinos: el **de Danelaw,** en el noreste, y el **de Wessex,** en el suroeste.

45. En 1013, el rey Svend Forkbeard (Barba de Horquilla) de Dinamarca y Noruega **conquistó toda Inglaterra** excepto Londres, que no logró capturar antes de su muerte ese mismo año.

46. **Tras la muerte de Svend, su hijo, Canuto, se convirtió en rey de Dinamarca, Noruega e Inglaterra** hasta 1035, cuando el rey anglosajón Eduardo el Confesor pasó a gobernar Inglaterra.

47. **El rey vikingo Canuto es famoso por gobernar toda Inglaterra,** pero también lo es por una famosa historia. Quería demostrar a sus hombres que, a pesar de su gran poder, no era todopoderoso. Así que se paró en la orilla y ordenó a las olas que no tocaran la playa.

48. **Los vikingos también colonizaron parte de Irlanda y el noroeste de Escocia,** junto con las islas Orcadas y Hébridas, al norte de la Escocia continental.

49. Los historiadores creen que **las principales razones por las que muchos vikingos se asentaron en Inglaterra e Irlanda fueron la superpoblación de las buenas zonas agrícolas de Escandinavia** y que la tierra era mucho más rica en Inglaterra e Irlanda.

50. Durante gran parte del tiempo, **vikingos y anglosajones** de los territorios controlados por los vikingos convivieron pacíficamente.

51. **Los vikingos construyeron fuertes defensas** alrededor de sus asentamientos más importantes, incluyendo murallas de madera rematadas con puntas de metal.

52. Para defenderse de los vikingos, **Alfredo el Grande** ordenó la creación de grandes asentamientos fortificados llamados burgos; éstos servían como lugares para vivir y como posiciones defensivas.

53. La mayor parte de **la moneda utilizada por los vikingos se denominaba hack-silver,** piezas de plata de pesos aproximados que solían "cortarse" a partir de piezas de plata más grandes, normalmente procedentes de joyas. Muchas de las monedas utilizadas por los vikingos procedían de zonas del mundo controladas por los musulmanes porque su plata y sus técnicas de refinado eran más avanzadas que las de Europa en aquella época.

54. En general, **la plata era un metal más importante para los vikingos que el oro.**

55. Muchos detectores de metales actuales han encontrado **tesoros vikingos enterrados por toda Inglaterra.** Conocidos como tesoros o botines (hoards), se cree que muchos de estos tesoros fueron dejados allí para su custodia o para acompañar a los muertos en el más allá.

56. **En el año 954, muchas ciudades inglesas habían sido tomadas por gobernantes vikingos** que imponían impuestos a los habitantes. Este impuesto se denominaba *toll* (peaje), que procede de la palabra nórdica antigua tollr.

57. Los vikingos tenían leyes similares y diferentes a las de los anglosajones. Por ejemplo, ambos pueblos pagaban "wergeld" en caso de asesinato o muerte accidental.

58. Con el tiempo, **muchos vikingos y sus descendientes empezaron a convertirse al cristianismo** debido principalmente a sus interacciones con los anglosajones.

59. **La lengua inglesa actual tiene muchas palabras tomadas del nórdico antiguo.** Un ejemplo es "husband" (marido) que proviene de la palabra husbondi en nórdico.

60. **Los vikingos causaron un gran impacto en Inglaterra** que aún puede apreciarse hoy en día. Muchas ciudades inglesas tienen nombres que suenan escandinavos, como **York** (de Jorvik), **Scarborough** (que significa "fortaleza de Skarth") y **Whitby** ("granja blanca").

Historia Vikinga

La batalla de Stamford Bridge
(1066)

En este capítulo exploraremos la extraordinaria historia de **la batalla de Stamford Bridge**. Echaremos un vistazo a veinte hechos interesantes sobre esta gran batalla, que tuvo lugar el 25 de septiembre de 1066, **entre fuerzas inglesas y vikingas.**

61. **La batalla de Stamford Bridge** se libró el 25 de septiembre de 1066 entre el ejército inglés dirigido por el **rey Haroldo II,** a menudo conocido como el **rey Haroldo Godwinson,** y una fuerza invasora noruega dirigida por el **rey Harald Hardrade.**

62. Los dos bandos estaban igualados en número, con una ligera ventaja para los ingleses.

63. La batalla tuvo lugar cerca de **Stamford Bridge, situado cerca de York,** en el norte de Inglaterra.

64. Una batalla menos conocida tuvo lugar en **Fulford tres semanas antes de la batalla de Stamford Bridge,** que ganaron los vikingos.

65. **La batalla de Fulford** se conoce a menudo como la **"última gran victoria vikinga"** porque fue ganada decisivamente por los nórdicos antes de que fueran finalmente derrotados por las fuerzas del rey Haroldo.

66. Una imagen muy diferente de los vikingos procede de la primera parte de **la batalla de Stamford Bridge.** Los hombres del norte debieron de celebrar una gran fiesta la noche anterior. No desplegaron vigías. Cuando el ejército anglosajón se les echó encima, muchos de los vikingos estaban holgazaneando, tomando el sol y "durmiendo la borrachera".

67. La **lucha real en Stamford Bridge duró sólo unas cuatro horas** y terminó con miles de muertos en ambos bandos, incluidos muchos guerreros de alto rango de Noruega.

68. Los combates en Stamford Bridge fueron tan feroces que algunas historias afirman que **las aguas del río Derwent corrían rojas de sangre.**

69. Se calcula que **hasta nueve mil guerreros vikingos navegaron a Inglaterra desde Noruega** para participar en el intento de invasión de Stamford Bridge.

70. **Las fuerzas noruegas** incluían soldados profesionales, granjeros e **incluso mujeres** que se habían unido para luchar con Harald Hardrada.

71. La batalla fue también la primera de la historia en la que participaron grandes cantidades de caballería y arqueros, lo que dio a Inglaterra una ventaja sobre sus oponentes.

72. La muerte del **rey Harald Hardrada** supuso un cambio significativo en la dinámica de poder de los escandinavos, ya que antes de su caída en Stamford Bridge había intentado consolidar todas las regiones vikingas bajo un solo gobernante.

73. Harald Hardrada no era sólo un rey. También había sido un famoso guerrero de la Guardia varega del Imperio bizantino.

74. La parte más famosa de la batalla tuvo lugar hacia el final de la misma. Tenemos el relato de **un solo vikingo berserker que sostenía el pequeño puente** mientras sus compañeros en retirada intentaban huir. Tras matar a varios anglosajones, fue atravesado con una lanza desde abajo por un anglosajón bajo el puente.

75. **Tras la derrota vikinga en Stamford Bridge,** las fuerzas noruegas se retiraron a Noruega. Nunca volvieron a intentar una gran invasión de Inglaterra.

76. **La batalla de Stamford Bridge** fue la última gran batalla ganada por los anglosajones antes de la conquista normanda.

77. Algunos historiadores creen que si **Haroldo Godwinson hubiera esperado y hecho un trato con los vikingos** o simplemente hubiera aguardado hasta ver qué iban a hacer después de tomar York, posiblemente habría tenido las fuerzas necesarias para hacer frente a la invasión del sur de Inglaterra que sabía que se avecinaba.

78. Antes del encuentro de **Haroldo Godwinson con los vikingos,** tuvo que hacer marchar a su ejército casi doscientas millas. Entonces le llegó la noticia de que **Guillermo de Normandía,** descendiente de los vikingos, había invadido el sur de Inglaterra. El rey Harold tuvo que marchar de vuelta más de doscientas millas para librar otra batalla.

79. La batalla de Stamford Bridge puso fin a la estrecha y a veces muy violenta relación **entre Inglaterra y Escandinavia,** que duró casi 275 años.

80. El río Derwent se ha desplazado con el tiempo, y el puente que existía en tiempos de los vikingos hace tiempo que desapareció. Todo lo que tenemos para localizar el lugar real de los combates son conjeturas.

Exploración del Mediterráneo
(800-1050)

Este capítulo explorará la notable exploración vikinga de la región mediterránea. Descubriremos diez datos sobre sus motivaciones para navegar hasta esta parte del mundo, junto con el impacto que tuvieron en las culturas y la política locales.

81. La exploración vikinga del Mediterráneo estuvo impulsada en gran medida por el intercambio y el comercio más que por las incursiones o la conquista.

82. Los comerciantes vikingos se sintieron atraídos por la región mediterránea debido a la riqueza de bienes y recursos disponibles allí, como especias, sedas y metales preciosos.

83. Los comerciantes vikingos establecieron extensas redes de rutas comerciales por todo el Mediterráneo, el mar Negro y Oriente Medio.

84. Los ríos eran notoriamente estrechos y agitados en muchas partes del sur de Europa, lo que restringió a los vikingos a zonas principalmente costeras de la cuenca mediterránea.

85. Los vikingos tenían puestos comerciales en todo el Mediterráneo, incluso en las actuales Venecia, Génova y Amalfi.

86. Los vikingos establecieron un reino en Sicilia e intentaron conquistar la gran isla, pero fueron derrotados por los normandos en 1060.

87. Los vikingos lucharon con y contra los bizantinos desde finales del siglo IX hasta el siglo XI.

88. Los comerciantes vikingos del Mediterráneo a veces se dedicaban a la diplomacia y a hacer regalos a los gobernantes locales, como se vio en el intercambio de regalos entre los vikingos y el califa de Bagdad en 926.

89. Los vikingos también llevaron su religión pagana al Mediterráneo, que fue vista con recelo por las autoridades cristianas y musulmanas de la región.

90. Los comerciantes vikingos traían del norte diversos productos, como pieles, ámbar y marfil de morsa, para intercambiarlos por productos mediterráneos.

Historia Vikinga

Exploración de América del Norte
(1000-1050)

En este capítulo exploraremos la increíble **historia de la exploración vikinga en Norteamérica**. Echaremos un vistazo a veinticinco datos interesantes sobre sus travesías a esta nueva tierra.

91. Tanto Groenlandia como Islandia habían sido colonizadas por los vikingos a finales del siglo X.

92. El líder de la expedición vikinga a Groenlandia fue el famoso **Leif Erikson.** Era hijo de otro famoso vikingo, **Erik el Rojo,** que había descubierto Groenlandia.

93. Un hombre llamado **Bjarni Herjolfsson** contaba historias de una costa que había visto muy al suroeste. **Se cree que fue el primer europeo que avistó Norteamérica.**

94. Alrededor del año 1000, **los exploradores vikingos zarparon para explorar Norteamérica,** a la que llamaron Vinland (que significa la tierra del vino).

95. Algunos historiadores y sagas nórdicas dicen que **Leif desembarcó en Vinland** accidentalmente, tras desviarse de su ruta después de visitar al **rey Olaf Tryggvasson de Noruega.** Otros historiadores y otra saga dicen que **Leif habló con Bjarni** sobre la tierra que había avistado.

96. **Leif desembarcó en L'Anse aux Meadows** (La ensenada de las medusas), en el extremo norte de Terranova, e incluso construyó un pequeño asentamiento en las cercanías antes de regresar a casa.

97. En 1960, un equipo arqueológico islandés-canadiense dirigido por Helge Ingstad desenterró **pruebas sustanciales de la actividad vikinga cerca de L'Anse aux Meadows.** Este descubrimiento ayudó a demostrar de una vez por todas **que Leif Erikson había llegado a Norteamérica ¡siglos antes que Cristóbal Colón!**

98. **Los exploradores nórdicos** buscaban principalmente nuevas oportunidades comerciales y recursos cuando llegaron al continente.

99. Los historiadores y arqueólogos creen que el **asentamiento vikingo en Norteamérica duró entre tres y diez años.**

100. Los arqueólogos creen que pudo haber hasta cien personas viviendo en el **asentamiento de Leif Erikson en L'Anse aux Meadows.**

101. Una de las primeras cosas que hicieron los vikingos cuando llegaron a **Vinland fue fundar una colonia agrícola,** cultivando avena y cebada para su suministro de alimentos a partir de las semillas que trajeron consigo.

102. **Es posible que los vikingos llevaran consigo a Vinland manzanas,** trigo y otros cereales.

103. Aunque mucha gente **piensa en los vikingos como asaltantes o piratas,** hay pruebas de que **también eran artesanos muy hábiles.** Fabricaban hermosas joyas con marfil de morsa, ¡ que se ha encontrado en yacimientos de Terranova!

104. **Los arqueólogos creen que los vikingos exploraron partes de Labrador, Nueva Escocia y Nuevo Brunswick** durante su estancia en Norteamérica, pero aún no se han encontrado pruebas sólidas de ello.

105. **Algunos expertos creen que los vikingos podrían haber explorado incluso más al sur, hasta zonas como Nueva York** o más allá. Aún no se han descubierto pruebas, ¡pero es algo que los arqueólogos siguen buscando hoy en día!

106. **En 1898, un inmigrante sueco en Minnesota afirmó que había encontrado una piedra rúnica de la era vikinga.** La mayoría de los estudiosos creen que la piedra rúnica era un ingenioso engaño, y la ciencia lo confirma, a pesar de las opiniones de algunos verdaderos creyentes.

107. **Durante sus viajes, los vikingos se encontraron con pueblos indígenas a los que llamaban skraelings** (palabra nórdica para "gritones") que vivían cerca de la actual Terranova. Se produjeron algunos intercambios pacíficos entre ellos, mientras que otros encuentros fueron violentos.

108. **En los años 90, algunos historiadores propusieron la idea de que los vikingos dieron a los nativos leche de una vaca lechera que habían traído con ellos.** Los skraelings eran intolerantes a la lactosa, ya que nunca antes habían probado la leche de vaca. Creyeron que los vikingos les habían envenenado, lo que inició una guerra.

109. Los arqueólogos creen que una de las razones por las que **los vikingos pudieron dejar de explorar Vinland** es que encontraron demasiada hostilidad por parte de los indígenas de la zona.

110. **Se dice que la hermana de Leif Erikson, Freydis Eiriksdottir, fue a Vinland.** En un relato de las sagas, es una feroz guerrera que, estando embarazada, se enfrenta a un grupo de skraelings atacantes.

111. El otro relato es una historia menos heroica. **Freydis anima a su marido a asesinar a sus dos compañeros en los barcos que les llevaron hasta Norteamérica.** También ordena la muerte de las mujeres de los hombres. Cuando se niegan, ¡ella misma los descuartiza!

112. **Las Sagas de Vinland relatan historias sobre estas exploraciones.** Fueron escritas por autores islandeses alrededor del año 1200, aunque los historiadores no están seguros de cuánto hay de realidad y cuánto de ficción en estos escritos.

113. **La exploración vikinga de Norteamérica** marcó un punto de inflexión en la historia mundial porque fue uno de los primeros casos de europeos que viajaron a través del océano Atlántico. Aunque hace poco tiempo que sabemos de la presencia de los nórdicos en Norteamérica, el descubrimiento cambió nuestra forma de ver la historia.

114. **Cada 9 de octubre, los estadounidenses y algunos canadienses celebran el Día de Leif Erikson** en honor del primer explorador europeo que llegó a Norteamérica. El Día de Leif Erikson se celebra especialmente en las zonas de EE. UU. donde emigró un gran número de escandinavos en el siglo XIX y principios del XX. En su mayoría se trasladaron al norte del Medio Oeste, ¡aunque hay un parque **Leif Erikson en Brooklyn, Nueva York!**

115. **El asentamiento vikingo en Groenlandia desapareció en algún momento del siglo XV.** Algunos creen que los colonos perecieron a causa de la malnutrición y las enfermedades. Otros creen que los descendientes de los vikingos perdieron un conflicto con los indígenas.

Comercio y exploración

Este capítulo explorará **la historia del comercio y la exploración vikingos**. Echaremos un vistazo a veinte datos interesantes sobre sus habilidades de navegación y sus mercancías comerciales. Descubra cómo **utilizaban la naturaleza para recorrer grandes distancias** y aprenda sobre la gente que conocieron mientras exploraban.

116. **Los vikingos eran hábiles marineros y exploradores.** Viajaron a muchos lugares en barco, como Inglaterra, Irlanda, Escocia, Islandia, Groenlandia ¡e incluso Norteamérica!

117. **¡Un barco vikingo típico podía transportar hasta setenta hombres** a la vez con todas sus provisiones y equipo a bordo!

118. **Los vikingos recorrieron grandes distancias** entre Europa, el norte de África e incluso Asia central durante este periodo de tiempo.

119. **Navegaban utilizando las estrellas del cielo nocturno.** Durante el día, utilizaban puntos de referencia como ríos o montañas.

120. **Los vikingos solían contarse historias en sus largos viajes** y utilizaban las historias de los dioses como lecciones y advertencias.

121. **Se cree que el mayor logro de la exploración vikinga fue encontrar Islandia en el año 874 de la era cristiana.** Estaba deshabitada en aquel momento, pero más tarde se convirtió en una parte importante de la cultura escandinava tras la llegada de colonos procedentes de Noruega.

122. **Los vikingos intercambiaban mercancías como pescado, pieles, marfil de morsa y hueso de ballena por ropa o armas** de otras partes de Europa que visitaban en sus viajes a través de los mares.

123. **Los vikingos también eran conocidos por comerciar con metales preciosos como el oro y la plata,** que adquirían de las incursiones y el comercio con otras culturas.

124. **Los vikingos eran conocidos por comerciar con esclavos,** que capturaban durante las incursiones.

125. **Los vikingos a menudo intercambiaban bienes por servicios,** como reparar sus barcos o proporcionar comida y refugio a su tripulación.

126. **Los vikingos comerciaban con culturas tan lejanas como Constantinopla, la capital del Imperio bizantino.** Incluso llegaron a partes de la costa norteafricana y también comerciaron con sus habitantes.

127. **Sabemos que los vikingos entraron en contacto con el mundo árabe** por los relatos supervivientes de varios viajeros árabes.

128. Los vikingos también comerciaban con otros países escandinavos.

129. Al entrar en contacto con otras culturas, **los vikingos se vieron influidos a convertirse al cristianismo,** ya que aumentaba su comercio.

130. **Los vikingos disponían de un eficaz sistema de tributación** o dinero de tributo llamado Danegeld, que les permitía recaudar dinero de las personas con las que comerciaban.

131. **Los vikingos solían asentarse cerca de los ríos,** donde construyeron asentamientos que se convirtieron en importantes centros de comercio.

132. **Los vikingos también utilizaban sus barcos para transportar caballos,** que empleaban para el transporte en tierra.

133. **Los vikingos llevaban libros de contabilidad primitivos,** utilizando runas y otras marcas.

134. **Los vikingos comerciaban tanto como hacían incursiones** para conseguir lo que querían. Esto era especialmente cierto en Ucrania y Rusia, ¡donde a menudo les superaban en número!

135. **Los vikingos fueron grandes exploradores que abrieron nuevas rutas comerciales,** exploraron tierras lejanas y difundieron culturas lejos de su hogar. Sus acciones contribuyeron a dar forma a la Europa moderna y cambiaron la historia para siempre.

Construcción naval vikinga

Este capítulo explorará la increíble **historia de la construcción naval vikinga.** Descubriremos veinte datos sobre los diseños de sus barcos, los materiales utilizados y las **técnicas empleadas** para fabricar embarcaciones capaces de soportar las duras condiciones de alta mar. Al final de este capítulo, ¡apreciará todo lo que supuso la creación de estas **innovadoras embarcaciones marítimas!**

136. **Los barcos vikingos tenían un diseño único** que los hacía increíblemente rápidos y maniobrables en el agua.

137. **Los barcos vikingos** se construían utilizando una técnica llamada construcción de **casco trincado.** Consistía en superponer tablones de madera y utilizar remaches de hierro para mantenerlos unidos. El resultado era un barco ligero y fuerte a la vez.

138. **La mayoría de los barcos vikingos se construían con madera,** normalmente roble o pino, y se reforzaban con clavos de hierro o "clavos de escarpia". El diseño de los clavos de escarpia facilitaba clavar los clavos en la madera sin partirla.

139. Además de la construcción con casco trincado y clavos de escarpia, **se utilizaba alquitrán de pino y brea** para rellenar las juntas entre las tablas del casco.

140. **Como Escandinavia tiene más pinos** que otras partes de Europa, los escandinavos tenían una primitiva industria de la brea, que exportaban a gran parte de Europa y al sur, hasta Constantinopla. Se calcula que miles de esclavos varones trabajaban en la fabricación de brea en un momento dado en toda Escandinavia.

141. **Construir un barco vikingo común** de principio a fin **podía llevar muchos meses.**

142. La forma de las **embarcaciones vikingas típicas era más estrecha** que la de otros tipos de barcos de épocas anteriores, lo que las hacía más rápidas.

143. La forma de la mayoría de las **embarcaciones vikingas se diseñó pensando tanto en la velocidad como en la estabilidad,** lo que les permitía moverse con rapidez, pero también mantenerse en posición vertical en aguas agitadas.

144. **El barco vikingo promedio tenía entre sesenta y setenta pies de eslora** y ¡podía transportar hasta setenta personas a la vez!

145. **Muchos de los barcos tenían poco calado** para poder navegar en las aguas poco profundas de los ríos sin encallar con demasiada frecuencia.

146. **Los barcos vikingos** casi siempre tenían el timón en el lado derecho del barco, al igual que muchas otras culturas.

147. **En noruego, el lado derecho de un barco es styrbord.** En islandés, es stjórnborð. Nosotros lo conocemos como "estribor". La palabra no tiene nada que ver con las estrellas. Todas las palabras significan lo mismo: timón.

148. **A principios del siglo VII, los barcos escandinavos empezaron a utilizar velas.** Hasta entonces, dependían de los remos, lo que significaba que todos a bordo tenían que ayudar a remar para conseguir velocidad y control.

149. **Los barcos vikingos solían tener una sola vela cuadrada** hecha de lana o lino, que se utilizaba cuando se viajaba largas distancias y para ayudar a navegar en tormentas o vientos fuertes.

150. **Las velas vikingas se teñían a menudo para ayudar a identificar a aliados y enemigos** e ilustrar patrones y símbolos del clan o de la realeza.

151. **Los vikingos solían decorar sus barcos con intrincadas tallas** en las proas (la parte delantera), que podían ser desde cabezas de dragones hasta escenas que representaban criaturas mitológicas.

152. **Los barcos mercantes vikingos se conocían como knarr, que** eran más anchos y profundos que los barcos de guerra vikingos, y a veces transportaban pasajeros que pagaban.

153. **Los barcos vikingos eran importantes para la guerra, el comercio y la exploración. Pero** los barcos también formaban parte de su cultura e incluso del mito nórdico. Se decía que Odín viajaba en la nave ultrarrápida Skíðblaðnir o Skidbladnir, y Hel comandaba Naglfar, una enorme nave hecha con las uñas de las manos y los pies de los muertos. Naglfar transportaba gigantes y otros monstruos para destruir a los dioses en el Ragnarök.

154. **En algunos enterramientos vikingos,** muchos alejados del mar, hay esbozos de barcos en piedra, lo que demuestra la importancia que tenía el barco para los vikingos.

155. **El mayor barco vikingo conocido es el "Roskilde 6",** que fue descubierto en 1962. El barco tiene 121 pies de eslora y ahora forma parte del Museo de Barcos Vikingos de Roskilde, Dinamarca.

Navegación

Este capítulo explorará las **notables habilidades de navegación de los vikingos.** Descubriremos veinte datos sobre sus barcos, herramientas y técnicas utilizadas para atravesar grandes distancias en aguas abiertas. Obtendrá nuevos conocimientos **sobre cómo exploraban nuevas tierras,** comerciaban con mercancías y asaltaban monasterios. Al final de este capítulo, sentirá un mayor aprecio por estos ingeniosos marinos que dominaron uno de los mayores desafíos del hombre: **¡navegar por mares traicioneros** sin equipamiento moderno!

156. **Para ayudarse a navegar, los vikingos se basaban en una combinación de puntos de referencia** como montañas, ríos o islas que reconocían de viajes anteriores.

157. Los historiadores creen que es posible que **los vikingos utilizaran una piedra solar fabricada con cristal de espato islandés** para detectar la posición del sol incluso cuando estaba oculto por las nubes.

158. **Utilizaron una herramienta llamada tabla de horizonte** para determinar el ángulo entre el horizonte y el sol, lo que les ayudó a estimar su latitud.

159. **Los vikingos utilizaban un palo y su sombra** para determinar en qué dirección estaba el norte.

160. **Los vikingos también utilizaban un tipo de navegación llamado navegación por estima,** que consiste en llevar un registro de la velocidad y la dirección del barco y utilizar esta información para estimar su posición. Este tipo de navegación no es muy precisa, aunque algunos vikingos eran muy buenos en ella.

161. **Las estrellas también desempeñaron un papel importante en la navegación.** Muchas sagas nórdicas legendarias registran cómo las constelaciones estelares ayudaban a guiar a los marinos nórdicos a través de aguas abiertas por la noche.

162. **Los vikingos sabían cómo se movían las olas alrededor de las masas de tierra** y podían interpretar los cambios sutiles en la altura de las olas causados por arrecifes poco profundos o bancos de arena ocultos bajo la superficie.

163. Para orientarse en zonas costeras desconocidas, **los vikingos lanzaban al agua un cabo desde sus barcos.** Esto se conoce como sondeo. Entonces medían la profundidad a la que se encontraba el fondo bajo ellos. El sondeo les permitía saber si había rocas ocultas cerca o si una zona tenía suficiente profundidad para su anclaje.

164. **Utilizaban los patrones de migración de las aves.** Los marineros vikingos siguieron las trayectorias de vuelo de las aves a través de los mares y se convirtieron en indicadores fiables para la navegación y la predicción meteorológica.

165. **Cuando se enfrentaban a feroces tormentas en el mar, los vikingos solían invocar a los dioses y diosas** para que les guiaran sanos y salvos a través de las traicioneras condiciones.

166. **Muchas sagas y otros relatos cuentan que los vikingos sacrificaban carneros antes de los viajes por mar.** Se cuenta que colocaban la cabeza y la piel de cabra en la proa del barco para "guiar" el camino.

167. **Cuando se acercaban a costas desconocidas, los vikingos solían hacerlo a la luz del día o** podían haber utilizado una embarcación más pequeña para guiarlos a tierra.

168. También es importante recordar que, **aunque la mayoría de los vikingos eran escandinavos, no todos lo eran.** Había sajones, frisones, finlandeses, irlandeses, escoceses y probablemente otros grupos étnicos que eran vikingos, lo que habría aumentado el conocimiento de las costas extranjeras por parte de los vikingos.

169. **Es posible que los vikingos llevaran registros de las rutas de viaje** que incluían mediciones de la velocidad, las mareas, las corrientes y las direcciones del viento.

170. **Aunque las estrellas y los paisajes proporcionaban pistas importantes para navegar largas distancias en el mar,** en el siglo XI aún no se habían inventado mapas y cartografías precisas, lo que dificultaba la planificación segura de complicadas rutas de navegación por aguas desconocidas.

171. **Los vikingos tenían un gran conocimiento de las costas y los ríos de Europa,** pero no eran tan conscientes de lo que había tierra adentro. Sus habilidades cartográficas no eran tan buenas como las de otros pueblos de la época.

172. Los navegantes vikingos sabían mucho sobre los océanos, además de cómo cruzarlos. Siglos de conocimientos transmitidos de padres a hijos, convirtieron a los vikingos en asombrosos navegantes.

173. No fue hasta siglos posteriores, **cuando se dispuso de brújulas magnéticas,** que técnicas de navegación más precisas permitieron a los marineros viajar con más confianza alrededor del mundo.

174. Los vikingos creían que el mundo era plano y que estaba rodeado por una gran serpiente llamada Jormungandr, a veces llamada la **"Serpiente de Midgard"**. Al parecer, Jormungandr era el vástago de Loki, conocido por intentar engañar a los demás dioses, especialmente a Thor.

175. Algunos vikingos creían que si navegaban demasiado mar adentro, se caerían por el borde del mundo o serían atacados por la serpiente.

Sociedad vikinga

Este capítulo **explorará la fascinante sociedad de los vikingos** y su modo de vida. Conozca sus **intrincadas jerarquías sociales,** su poderosa economía y sus valores culturales mientras descubrimos veinte datos sobre cómo vivían, trabajaban y se relacionaban entre sí.

176. **Los vikingos tenían una jerarquía social compleja,** en la que algunos individuos nacían en posiciones de poder mientras que otros podían ganar estatus a través de hazañas de valentía u otros logros.

177. **La sociedad vikinga se dividía en tres clases: jarls** (nobleza), **karls** (campesinos libres) y **thralls** (esclavos). Las palabras inglesas para designar a estas personas son "earls", "churls" y "slaves".

178. **La economía vikinga se basaba en gran medida en la agricultura,** y la mayoría de la gente trabajaba como granjero.

179. **La sociedad vikinga era patriarcal,** y los hombres ocupaban la mayoría de los puestos de poder y autoridad.

180. **Las mujeres vikingas tenían más libertad y derechos que la mayoría de las mujeres de la Europa de la época.**

181. Las ciudades escandinavas importantes, como **Birka en Suecia, solían tener una población diversa,** con gente que venía a comerciar de todo el mundo conocido. No hace mucho se encontró cerca de Birka un pequeño Buda de marfil con rasgos asiáticos, aunque es posible que no lo trajera alguien de China.

182. **La sociedad vikinga tenía su propio sistema de pesos y medidas,** que permitía el intercambio y el comercio.

183. **La sociedad vikinga valoraba mucho la fuerza física,** pero también la astucia y la inteligencia.

184. **La sociedad vikinga otorgaba un gran valor al honor y la reputación,** con guerreros que se esforzaban por alcanzar la gloria en la batalla y agricultores que buscaban aumentar su riqueza y estatus.

185. **Los escandinavos podían ser tanto granjeros como vikingos.** Los jefes más ricos hacían que miembros de su clan o amigos de confianza se encargaran de sus granjas cuando estaban en ultramar.

186. **Muchos escandinavos** no fueron a otras tierras a hacer incursiones. Más bien, **fueron allí para establecerse.**

187. **La sociedad vikinga tenía un fuerte sentido de comunidad,** con individuos que trabajaban juntos para construir y mantener sus granjas y aldeas.

188. **Los vikingos tenían una rica tradición de narración oral,** con relatos de hazañas heroicas y criaturas mitológicas que se transmitían de generación en generación.

189. **Los vikingos tenían un sentido del humor único,** a menudo utilizaban lenguaje figurado y juegos de palabras en su habla y narración.

190. **Los vikingos tenían una rica cultura musical,** y las canciones y la poesía desempeñaban un papel importante en su sociedad. Lo sabemos por los relatos escritos por observadores extranjeros alfabetizados, no por la música conservada.

191. **Los vikingos sentían un profundo respeto por la naturaleza** y el mundo natural, y muchos de sus dioses y diosas representaban fuerzas naturales, como el trueno, el rayo y el mar.

192. **Muchas tradiciones invernales vikingas se abrieron paso en las prácticas cristianas,** como llamar "Yule" a la fiesta de Navidad y el árbol de Navidad, que originalmente era una costumbre pagana que simbolizaba la esperanza del regreso del verano.

193. **Los vikingos eran conocidos por sus característicos y largos peinados,** que podían incluir trenzas para los hombres.

194. **Los vikingos eran conocidos por sus extraños hábitos de higiene y aseo personal.** Peinarse el pelo se consideraba especialmente importante. Esto no era sólo por el aspecto, sino también para prevenir los piojos y las pulgas. Algunos relatos afirman que los vikingos tenían el cuerpo sucio y maloliente, pero el pelo y la cara limpios.

195. **Los vikingos tenían una fuerte tradición de hospitalidad,** y a menudo recibían a los forasteros en sus casas y les daban comida y cobijo. Se decía que Odín viajaba disfrazado de hombre o incluso de mujer, por lo que muchos vikingos creían que, al abrir sus casas a los forasteros, era posible que estuvieran hospedando al más sabio de los dioses.

Agricultura

Este capítulo explorará **las prácticas agrícolas de los vikingos**. Descubriremos veinte datos sobre los métodos, herramientas y técnicas utilizados por los **agricultores vikingos** para cultivar la tierra, hacer crecer los cultivos y criar animales.

196. **La agricultura de Europa occidental, incluidos los escandinavos,** se basaba en un sistema de tres campos, en el que cada campo se dividía en tres partes. Los cultivos rotaban anualmente entre ellas.

197. **Los agricultores vikingos** cultivaban cebada, avena, trigo y centeno en sus campos.

198. **También cultivaban otras verduras** y hierbas, como coles, zanahorias, nabos, cebollas, ajos y puerros.

199. **Los campesinos vikingos cultivaban linaza** y lo cosechaban para la producción de lino.

200. **Tenían una gran variedad de animales,** como vacas, cerdos, ovejas, cabras, gallinas y patos.

201. **El ganado se utilizaba para arar los campos.** También eran una fuente de alimento, leche y cuero.

202. **Los vikingos también criaban abejas para obtener miel,** que se utilizaba como edulcorante en la cocina. La famosa bebida alcohólica vikinga, el hidromiel, se elaboraba con miel.

203. **Los granjeros vikingos tenían caballos** para transportarse, tirar de los arados y acarrear material.

204. Los agricultores vikingos solían utilizar bueyes para tirar de sus arados y transportar su cosecha al mercado.

205. **Los agricultores vikingos utilizaban el estiércol de los animales** y las cenizas de los incendios para fertilizar el suelo.

206. **Los vikingos también recogían algas** para utilizarlas como fertilizante natural.

207. **Los agricultores vikingos utilizaban una forma primitiva de irrigación,** cavando zanjas poco profundas para dirigir el agua a los campos.

208. **Los agricultores de algunas zonas de Escandinavia utilizaban el método de tala y quema** para despejar la tierra para la agricultura.

209. **Los vikingos utilizaban una técnica llamada caballones para crear lechos elevados** para los cultivos y garantizar un mejor drenaje.

210. **Los granjeros vikingos utilizaban rocas para crear muros alrededor de sus campos** con el fin de protegerlos de las inundaciones y la erosión del suelo.

211. Los agricultores vikingos utilizaban un arado manual para remover la tierra y sembrar las semillas.

212. **Los agricultores vikingos utilizaban guadañas para cortar el grano.** La gente más pobre solía utilizarlas como armas cuando su comunidad era atacada.

213. **Los agricultores vikingos solían almacenar sus cosechas en fosas subterráneas frías y secas,** que las mantenían frescas y secas durante todo el año. El grano solía guardarse en la superficie, en refugios protegidos. Estos refugios a veces estaban vigilados en épocas de hambre.

214. **Los vikingos eran expertos en la conservación** de alimentos y utilizaban técnicas como el ahumado, el secado y la salazón para mantener sus cosechas y carnes frescas durante todo el año. El aire frío y seco de Escandinavia también ayudaba a conservar los alimentos.

215. **Los vikingos aprendieron de los pueblos con los que entraron en contacto. Muchas innovaciones agrícolas** encontradas en la Europa continental fueron llevadas a Escandinavia.

Las mujeres durante la era vikinga

Este capítulo arrojará luz sobre las **notables vidas de las mujeres durante la Era Vikinga**. Descubriremos veinte hechos sobre los derechos, roles y contribuciones de las mujeres a la sociedad. También exploraremos a **las legendarias escuderas** y su valentía en la batalla y descubriremos las historias de famosas **guerreras como Freydis Eiriksdottir**. ¡Únase a nosotros para explorar las fascinantes vidas de las mujeres durante la Era Vikinga!

216. **Las mujeres vikingas tenían más derechos que otras sociedades europeas de la época.** Podían poseer tierras, heredar propiedades y tomar más decisiones sobre sus vidas sin la interferencia masculina o la aprobación de padres y maridos que en otros lugares de Europa.

217. Aunque las mujeres tenían más derechos que el resto de las mujeres de la época, las mujeres de Escandinavia (de donde procedían los vikingos) **eran vistas generalmente como ciudadanas de segunda clase.**

218. A pesar de tener más derechos que las mujeres de otros lugares de Europa, las mujeres **escandinavas seguían siendo ciudadanas de segunda clase** y eran objeto de palizas y abusos sexuales. Esto era especialmente cierto en el caso de las esclavas.

219. **Los miembros de la familia real, las esposas de los dirigentes y las sacerdotisas eran miembros respetados de la sociedad** y a menudo se les consultaba sobre asuntos importantes.

220. **Las gyðjas eran mujeres escandinavas que elegían ser sacerdotisas.** Los relatos cuentan a menudo que permanecieron solteras toda su vida, eligiendo a sus dioses y diosas por encima de la vida familiar.

221. Mientras que los hombres vikingos eran a menudo los que iban de incursión y participaban en batallas, **las mujeres desempeñaban papeles importantes en la sociedad.** Eran responsables de la gestión del hogar y de la crianza de los niños. A menudo se encargaban de otras tareas importantes, como la agricultura y la artesanía.

222. La agricultura era una de las formas en que las mujeres podían participar en el comercio con otras culturas y proporcionar cierta seguridad económica para ellas y sus familias. ¡Las pruebas arqueológicas sugieren que las **granjas propiedad de mujeres** pueden haber sido algo común durante este período de tiempo!

223. En general, **las mujeres vikingas podían elegir con quién querían casarse.** Podían divorciarse de sus maridos, pero sólo en determinadas circunstancias. Una de ellas era ¡si descubrían que su marido llevaba ropa de mujer!

224. Algunas mujeres de la sociedad vikinga tenían un alto nivel de educación y sabían leer y escribir. Sabían leer y escribir en runas, el antiguo sistema de escritura utilizado por los vikingos.

225. Las mujeres vikingas solían llevar vestidos largos o túnicas, que se sujetaban con broches.

226. También llevaban delantales, cinturones y tocados. Sus ropas eran a menudo de colores brillantes y estaban decoradas con intrincados diseños.

227. Los vikingos adoraban a diosas, como Freyja, que estaban asociadas con el amor, la fertilidad y los asuntos domésticos. Las diosas eran consideradas tan importantes como los dioses masculinos.

228. Muchas mujeres tenían al menos cierta destreza con las armas, ya que a menudo estaban solas cuando sus hombres decidían salir de incursión.

229. Las escuderas eran mujeres guerreras que luchaban junto a los hombres en las batallas durante la época vikinga. Aunque se debate la existencia de las escuderas, hay relatos históricos y sagas que las mencionan.

230. Las escuderas estaban entrenadas en el uso de armas, como espadas, hachas y lanzas. Eran conocidas por su valor y a menudo inspiraban a los hombres que las rodeaban a luchar con más ahínco.

231. Aunque las escuderas no eran comunes, existen relatos de varias mujeres notables de las que se dice que lucharon en batallas.

232. Una de las más memorables fue Freydis Eiriksdottir, de quien se dice que se enfrentó a un grupo de nativos americanos, espada en mano.

233. **Se dice que Freydis Eiriksdottir, supuestamente hija de Erik el Rojo,** dirigió una expedición vikinga a Vinland (Norteamérica).

234. **Las mujeres de la sociedad vikinga solían ser enterradas con posesiones valiosas,** como joyas y peines, que se creía que las acompañarían a la otra vida.

235. **Las esposas de los reyes y otros hombres importantes solían ser enterradas junto a ellos,** a veces en barcos enterrados o en formaciones rocosas con forma de barco.

Política

Este capítulo explorará **la fascinante y compleja política de la sociedad vikinga**. Echaremos un vistazo a treinta datos interesantes sobre su gobierno, sus leyes y su sistema judicial. Descubriremos **cómo negociaban acuerdos comerciales** entre tribus rivales para proteger su poder y su territorio. Desde las alianzas matrimoniales hasta la libertad de expresión en los procesos judiciales, podremos ver nuestros valores democráticos modernos en esta época de la historia europea.

236. **Los vikingos tenían su propia forma de asamblea representativa llamada el "thing".** Especialmente a principios de la era vikinga y antes, los hombres libres y a veces las mujeres acudían al Thing para exponer sus quejas o cuestiones, como los límites de las granjas, los delitos, las multas, las participaciones en las incursiones, las propuestas de matrimonio entre familias y otras cuestiones.

237. **En años posteriores, el thing estuvo a menudo influenciado por poderosos reyes regionales o incluso nacionales** y fue menos democrática que en años anteriores.

238. **Cada thing solía estar presidido por un legislador** que pronunciaba todas las leyes relevantes para la reunión y proponía otras nuevas para que fueran votadas o acordadas por los presentes.

239. **Aunque no existían leyes escritas durante este periodo,** un conjunto de normas no escritas conocidas como la Ley del thing mantenía unidas a las comunidades. **La mayoría de las leyes vikingas eran bastante básicas,** pero algunos elementos podían diferir entre grupos o culturas vikingas, por ejemplo, entre islandeses y suecos.

240. **El thing no era sólo un lugar para aprobar leyes.** Era un momento para ver a parientes y amigos lejanos, cimentar alianzas y hacer negocios y diplomacia.

241. **El Alþingi (Althing) era una reunión anual que se celebraba en Þingvellir, cerca de Reikiavik,** Islandia, donde se discutían las leyes entre los jefes y el pueblo llano.

242. **Los jarls también nombraban a veces representantes llamados "Thingsmen",** que actuaban como consejeros para ayudarles a decidir qué leyes debían ser aprobadas o rechazadas en un Althing.

243. **Aunque muchos reyes vikingos eran elegidos por votación de los miembros de la asamblea,** un verdadero líder debía ser respetado y admirado por su fuerza, valor y sabiduría para tener alguna esperanza de ser elegido para el cargo.

244. **Todas las disputas que no pudieran resolverse en un thing** podrían llevarse ante un árbitro o juez oficial que tomaría una decisión basada en las pruebas presentadas.

245. **Los vikingos creían firmemente en la justicia y el castigo,** por lo que cualquier delito cometido contra otra persona tenía graves consecuencias. **Los castigos** podían incluir multas, encarcelamiento, humillación pública, exilio de la ciudad natal o incluso la muerte, dependiendo de la gravedad del delito.

246. **La ejecución era posible,** aunque probablemente se evitaba a menos que el delito fuera particularmente malvado.

247. **La sociedad vikinga no era perfecta.** A menudo se ofrecían sobornos para que se aprobaran o no leyes o sentencias.

248. **Las enemistades de sangre eran muy comunes entre los vikingos.** Creían en la venganza personal contra alguien que les había hecho daño. **Alguien podía matar a un enemigo en el calor de la ira, y el asunto podía resolverse en el thing.** Sin embargo, si alguien sentía que no se le había hecho justicia, podían estallar enemistades de sangre que duraban varios años e implicaban a familias, familias extensas y clanes.

249. **Cada familia vikinga formaba parte de un clan,** que estaba encabezado por el jefe o jarl (conde).

250. **Los jarls gobernantes crearon alianzas** con otros clanes para ayudar a proteger su poder y sus territorios contra enemigos, como los francos y los anglosajones.

251. **Las alianzas entre jarls y sus seguidores** en Escandinavia también eran comunes. Los vikingos luchaban contra vikingos casi con la misma frecuencia (quizá más) que contra enemigos extranjeros.

252. **La mayoría de las decisiones entre clanes se tomaban mediante negociaciones** y acuerdos comerciales en lugar de la violencia o la guerra, siempre que fuera posible para evitar la pérdida de vidas humanas.

253. **En algunos casos, si dos clanes no podían llegar a un acuerdo mediante la negociación,** no les quedaba más remedio que entrar en batalla el uno contra el otro para resolver su disputa.

254. **Aunque la mayoría de las batallas vikingas se libraban entre clanes rivales,** había ocasiones en las que guerreros individuales se desafiaban en combates individuales, normalmente con espadas o hachas, por el honor, la gloria, la venganza o las tres cosas.

255. **El combate individual formal entre hombres se denominaba holmgang.**

256. **Luchaban en una pequeña zona delimitada.** Los hombres que se salían deliberadamente del ring podían ser condenados al ostracismo de su comunidad por cobardía o incluso asesinados por su "segundo", el hombre que les acompañaba al combate.

257. **Se consideraba deshonroso para cualquier guerrero vikingo no mantener su palabra una vez dada.** Los juramentos realizados en procesos judiciales o acuerdos con otros clanes tenían un gran significado entre el pueblo escandinavo.

258. **En la mayoría de los casos, las decisiones tomadas por el thing** eran definitivas, lo que significaba que no había ningún proceso de apelación disponible incluso si alguien no estaba de acuerdo con su resultado.

259. **En la política vikinga, las alianzas matrimoniales entre dos o más clanes eran comunes,** ya que ayudaban a reforzar los lazos entre ellos y a crear un frente unificado contra sus enemigos.

260. **También había leyes que protegían a las mujeres en la sociedad vikinga,** como su derecho a poseer y controlar propiedades si su marido moría o era incapaz de cuidarlas.

261. **La esclavitud era una parte importante de la cultura vikinga,** aunque había algunas restricciones impuestas por la ley, principalmente las relativas a cuánto tiempo se podía mantener cautiva a una persona antes de liberarla o si se podía pedir rescate por ella.

262. **Algunos escandinavos,** generalmente hombres, **se pusieron en servidumbre voluntaria a cambio de comida, cobijo o protección.** Esto era similar a los colonos americanos que firmaban un contrato para ser sirvientes o trabajadores a cambio de dinero para cruzar el Atlántico.

263. **El aspecto más importante de la política vikinga era la lealtad** entre los diferentes clanes, ya que esto garantizaba su éxito y prosperidad continuos.

264. Otro aspecto importante de la **política vikinga era que todo hombre tenía derecho a decir** lo que pensaba libremente y a expresar sus opiniones en un thing sin temor a represalias.

265. **Por supuesto, la libertad de expresión era el ideal. No siempre funcionó así**. Ningún vikingo iba a levantarse y llamar traidor al rey a menos que tuviera mucho apoyo y pruebas.

Guerra vikinga

Este capítulo explorará **la increíble historia de la guerra vikinga** y sus temibles tácticas a la hora de expandirse por nuevas tierras. Echaremos un vistazo a treinta datos interesantes sobre **sus armas, armaduras, barcos y tácticas psicológicas** que empleaban para obtener ventaja sobre sus enemigos.

266. **La Era Vikinga fue un periodo de violencia, expansión y exploración** para el pueblo escandinavo.

267. **Sus barcos largos,** a veces llamados **drakkar** (que significa "dragón"), eran más rápidos y resistentes en el mar que los barcos de otras potencias europeas de la época.

268. **Los barcos largos vikingos eran naves rápidas** y ligeras que podían navegar por aguas poco profundas y ríos, lo que les permitía acceder a muchos lugares a los que los barcos enemigos no podían llegar. **Sus enemigos no esperaban que los vikingos fueran capaces de navegar por estas aguas poco profundas.**

269. **Los vikingos a menudo trasladaban sus barcos por tierra cuando necesitaban cruzar a otro río** o masa de agua no conectada. Esto se hacía a menudo haciendo rodar los barcos sobre troncos o incluso sobre "remolques" de grandes ruedas.

270. **Las bandas vikingas luchaban a menudo en el mar. Una táctica favorita consistía en enganchar un barco contrario,** ya fuera otro barco lleno de vikingos, otros enemigos o barcos comerciales. Los barcos se juntaban para que los vikingos pudieran abordar su objetivo.

271. **Había muchos vikingos que procedían de las islas Frisias, frente a la actual Holanda.** Tenían barcos similares y destacaban por su habilidad en el mar, especialmente en aguas poco profundas.

272. **Los vikingos libraron grandes batallas navales** con barcos de guerra del Imperio bizantino en 860 y 941. En ambas ocasiones, muchos barcos vikingos cayeron presa del famoso **"fuego griego"**, un primitivo napalm lanzado desde largos tubos a bordo de barcos y fortalezas bizantinos.

273. **Los vikingos valoraban la velocidad cuando realizaban expediciones de incursión.** Querían navegar con rapidez y también desembarcar de sus barcos y regresar a ellos rápidamente.

274. **Los vikingos utilizaban a menudo sus escudos para atacar,** no sólo para defenderse. Muchos escudos tenían un saliente metálico en el centro, una pieza de hierro en forma de cúpula incrustada en el escudo que podía causar un gran daño en la cara, la cabeza y los hombros de un enemigo.

275. **Algunos guerreros vikingos llevaban armaduras de cota de malla formadas por anillos de metal** unidos en hileras para proporcionar una protección adicional durante la batalla cuando fuera necesario. La mayoría de estos guerreros eran ricos, formaban parte de la clase dirigente o ambas cosas.

276. **Aunque las hachas de doble hoja parecen geniales, los vikingos no las utilizaban tan a menudo.** Estas armas eran demasiado costosas y peligrosas, incluso para sus usuarios.

277. **Algunos guerreros vikingos utilizaban martillos como armas.** No eran el tipo de martillos utilizados para clavar clavos. Eran armas grandes y pesadas diseñadas para romper huesos y aplastar cráneos.

278. **Los vikingos eran conocidos por sus guerreros berserker que entraban en un estado de trance durante las batallas.** Luchaban con tal ferocidad que parecían casi invulnerables al dolor.

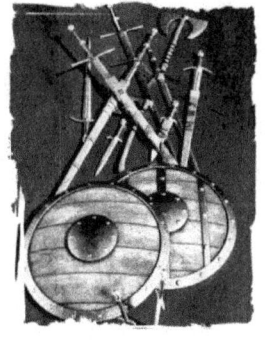

279. **"Berserk" significa "camisa de oso" en nórdico antiguo.** Se decía que estos hombres se ponían la camiseta de oso antes de la batalla, lo que significaba que se transformaban figurativamente en osos viciosos antes del combate.

280. Hubo ocasiones en las que **la temible reputación de los vikingos** hizo que pueblos y ciudades se rindieran ante ellos o les pagaran en lugar de luchar.

281. **Los guerreros de la época, incluidos los vikingos,** solían elegir los terrenos elevados o las características defensivas naturales como colinas, bosques o ríos a la hora de trazar estrategias. Estas posiciones les ayudaban a obtener ventaja sobre sus adversarios.

282. **Las torres de asedio se utilizaban para escalar murallas** y acceder a los asentamientos enemigos sin tener que derribar muros y puertas.

283. **Durante los asedios, los vikingos a veces construían catapultas** de madera y las llenaban de piedras o bolas de brea encendidas antes de lanzarlas por encima de los muros sobre los enemigos que se encontraban debajo.

284. **Aunque los líderes y exploradores vikingos a veces montaban a caballo,** los vikingos no solían utilizarlos en la batalla.

285. **Los vikingos y otros guerreros de la época intentaban intimidar a sus enemigos antes de entablar combate con ellos.** Algunos lo hacían gritando gritos de guerra, golpeando los escudos entre sí o agitando las armas.

286. **A principios de la Era Vikinga, a menudo se realizaban sacrificios humanos antes de la batalla** para ganarse el favor de los dioses.

287. **A los vikingos les gustaba utilizar el factor sorpresa en sus ataques.** En la serie Vikingos, Ragnar Lodbrok finge su propia muerte para entrar en París en un ataúd. Este suceso ocurrió, salvo que el vikingo era Harald Hardrada.

288. **A veces, los vikingos utilizaban tácticas avanzadas, como las retiradas fingidas,** para atraer a enemigos desprevenidos hacia trampas donde luego podían emboscarlos.

289. **Muchos vikingos eran astutos tácticos y utilizaban con frecuencia el engaño en la batalla.** Por ejemplo, disfrazaban a los soldados entre civiles o hacían parecer que tenían más hombres de los que realmente tenían.

290. **Los guerreros vikingos también eran conocidos por utilizar tácticas de guerra psicológica, como burlarse de sus enemigos** con insultos verbales o exhibir las cabezas de los enemigos en lanzas como horripilantes advertencias.

291. **El muro de escudos era otra táctica importante que empleaban los hombres del norte.** Consistía en una línea de escudos fuertemente unidos para dificultar el paso de las flechas, lanzas o espadas enemigas.

292. **Los vikingos no fueron los únicos que utilizaron el muro de escudos en este periodo.**

293. **Los vikingos también utilizaron el fuego y el humo en su beneficio en la batalla** utilizándolos como armas y para quemar los asentamientos y pueblos enemigos.

294. **Los ejércitos vikingos a veces llevaban consigo a personas que no luchaban, como mujeres, niños y esclavos.** Ayudarían en cosas como cocinar la comida y cuidar de las personas que resultaran heridas.

295. **Aunque los vikingos eran luchadores despiadados, respetaban la valentía.** Si alguien luchaba valientemente contra ellos y moría, podía ser mencionado en una canción o un poema una vez terminada la batalla.

Armas

Este capítulo explorará las armas **utilizadas por los vikingos durante sus incursiones**, batallas y asedios. Descubriremos veinte datos sobre sus hachas de batalla, **espadas, lanzas, arcos** y mucho más para comprender cómo se defendían a sí mismos y a sus asentamientos de los invasores extranjeros.

296. **El arma más emblemática asociada a los vikingos es el hacha,** que se presentaba en diversas formas y tamaños.

297. **Los vikingos utilizaban a veces el hacha danesa,** un hacha de mango largo que podía usarse con ambas manos para dar golpes potentes. **Estas hachas también eran populares entre los ejércitos anglosajones,** como muestra el famoso Tapiz de Bayeux, un relato ilustrado contemporáneo de la batalla de Hastings.

298. **Los vikingos también utilizaban espadas.** Normalmente eran de doble filo con una hoja ancha que podía utilizarse para cortar y empujar.

299. **Las espadas vikingas se fabricaban a menudo con una técnica llamada soldadura de patrones,** en la que se retorcían diferentes tipos de acero para crear un patrón único.

300. **Las espadas fabricadas por el herrero Ulfberht** están consideradas como algunas de las mejores armas de la Europa medieval temprana.

301. **Hasta la fecha se han encontrado 167 espadas Ulfberht, la mayoría en Escandinavia.**

302. **Los vikingos utilizaban a menudo un arma llamada seax,** que era una espada corta o un cuchillo largo que podía utilizarse tanto para el combate como para las tareas cotidianas. **Esta arma también era utilizada por los anglosajones,** y de ahí proviene su nombre.

303. **Los vikingos utilizaban diversas armas a distancia,** como arcos y flechas y lanzas.

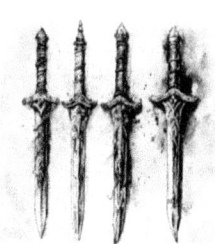

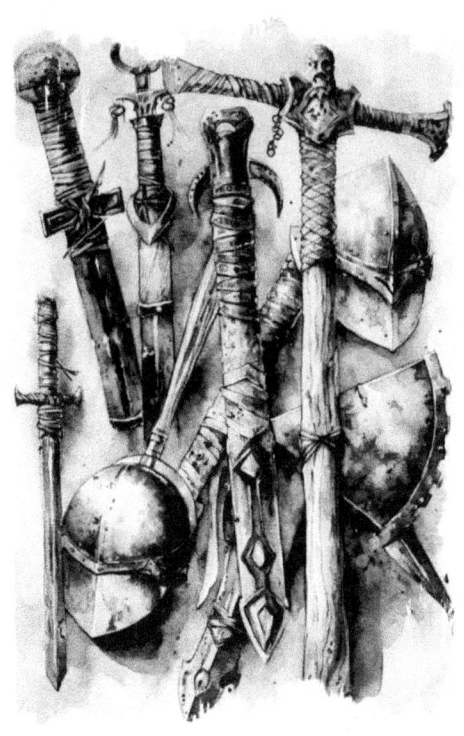

304. Las hachas y los cuchillos podían lanzarse, pero esto era probablemente poco frecuente. Si alguien fallaba, perdía un arma valiosa y tal vez salvadora.

305. También utilizaban un arma llamada Corquete, que tenía una hoja curva que podía utilizarse tanto para cortar como para enganchar el escudo o la armadura del enemigo.

306. Los vikingos también utilizaban armas contundentes, como garrotes, martillos o mazas, para someter a sus enemigos.

307. Los vikingos utilizaban a veces armas de asedio como arietes para derribar los muros de las fortificaciones enemigas.

308. El escudo vikingo era una pieza esencial del equipo de los guerreros. Estaba hecho de madera y cuero y a menudo decorado con diseños y símbolos.

309. La mayoría de los vikingos, al igual que los posteriores samuráis de Japón, no temían a la muerte. Morir en la batalla se consideraba un gran honor en la sociedad vikinga.

310. Los vikingos utilizaban a veces armaduras de cota de malla para protegerse en la batalla. Esta armadura estaba formada por anillos metálicos entrelazados.

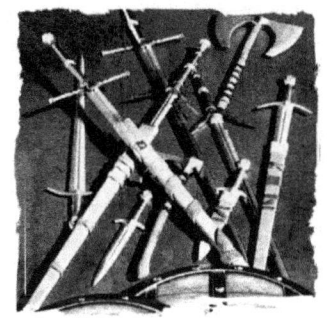

311. Los vikingos también utilizaban cascos para protegerse, que a menudo eran de hierro o cuero.

312. Artistas y escritores posteriores añadieron cuernos y alas a los cascos vikingos; sin embargo, los vikingos no llevaban cascos así.

313. Los niños vikingos recibían entrenamiento con armas desde una edad temprana.

314. Las armas vikingas solían transmitirse de generación en generación, y muchas de ellas tenían un gran valor sentimental para sus propietarios.

315. Las armas vikingas solían llevar nombres de la mitología y las leyendas nórdicas, como **Gungnir** (la lanza de Odín) y **Mjöllnir** (el martillo de Thor).

Historia Vikinga

Cultura vikinga

Este capítulo se sumergirá en **la fascinante cultura de los vikingos.** Explore los rituales, creencias y costumbres que practicaban estos intrépidos marinos. Echaremos un vistazo a veinte **datos interesantes sobre su vestimenta, arte, dioses y mucho más.** Pronto descubrirá que la cultura vikinga era rica y variada.

316. **Los vikingos tenían su propio conjunto de leyes y castigos** que eran aplicados por sus líderes; éstos incluían multas o incluso ser exiliado de la comunidad.

317. **Muchas tumbas de hombres vikingos encontradas en los últimos años incluyen peines hechos de hueso,** algunos con el nombre del hombre en ellos. Por esto y por los relatos escritos de un viajero árabe, sabemos que el cuidado del cabello era importante para los hombres vikingos.

318. **Los vikingos eran conocidos por la forma en que elaboraban joyas con metales como el oro, la plata y el bronce,** a menudo utilizando intrincados diseños de nudos o piedras preciosas engarzadas en las piezas. Existen muchos estilos diferentes de anudado vikingo.

319. **Los barcos vikingos fueron diseñados para ser rápidos y lo suficientemente fuertes** como para navegar por mar abierto con facilidad. ¡Algunos de estos navíos viajaron desde Noruega hasta Norteamérica!

320. **Sus barcos también tenían poco calado,** lo que significaba que podían flotar en aguas relativamente poco profundas, permitiéndoles remontar muchos ríos europeos desde el mar.

321. **Los vikingos construyeron comunidades en torno a grandes granjas** donde los trabajadores vivían juntos mientras cuidaban los cultivos o los animales para la producción de alimentos.

322. **Los vikingos practicaban actividades de reunión social,** como los festines y la narración de historias.

323. **La comida se servía en grandes fuentes decorativas,** algunas hechas en casa y otras traídas de ultramar.

324. **A los vikingos les encantaba la música.** Tocaban muchos instrumentos, como **arpas, flautas, tambores y cuernos,** durante los banquetes o en las reuniones para entretener a la gente. Muchos grabados de la época retratan a gente tocando cuernos y tambores.

325. **Las historias importantes del pasado y sobre los dioses se transmitían de una generación a otra** de boca en boca. La mayoría no se escribieron hasta el siglo XIII.

326. **Los dioses vikingos Odín y Thor** están estrechamente asociados con la guerra y las batallas. Los vikingos eran politeístas, lo que significa que creían en muchos dioses.

327. La mayoría de los vikingos se habían convertido al cristianismo a finales de la Era Vikinga.

328. **Los vikingos creían en honrar a los antepasados participando en rituales,** como la quema de incienso o el sacrificio de animales durante ocasiones especiales como bodas y funerales.

329. **Los vikingos sentían un gran respeto por la naturaleza** y creían que todas las cosas habían sido creadas por los dioses, incluidos los animales.

330. **Los vikingos decoraban sus casas con obras de arte, como tallas de animales.** Se exhibían símbolos para atraer la buena suerte y protegerse de las fuerzas malignas.

331. **La ropa vikinga tradicional estaba hecha de lana, lino o pieles de animales** y podía estar decorada con intrincados diseños bordados.

332. **La vestimenta vikinga era típicamente funcional pero también elegante.** Mucha gente vestía túnicas o capas de colores hechas de tejidos de lana o lino.

333. **Ragnar "Lodbrok" significa Ragnar "calzones peludos",** y se cree que llevaba pantalones con pieles por fuera.

334. **Los guerreros vikingos solían llevar escudos a la batalla.** Estos escudos de madera tenían a veces placas de metal unidas para que la persona que lo empuñaba pudiera protegerse de los ataques entrantes.

335. **Los vikingos disfrutaban de actividades recreativas,** como la natación, la equitación y un juego de mesa llamado hnefatafl, similar al ajedrez.

Literatura

Este capítulo proporcionará una visión de **la literatura de y sobre los vikingos**. Descubriremos diez datos sobre sus tradiciones orales, relatos y poemas. ¡Descubra lo diferente que era la literatura en el pasado!

336. **Las historias vikingas se componían principalmente de tradiciones orales** que se transmitían de generación en generación.

337. **A menudo se centraba en historias heroicas y míticas,** como los cuentos de Odín, Thor y Loki.

338. **A menudo se utilizaban kennings, que son frases u oraciones de lenguaje figurado** para describir objetos o personas. Por ejemplo, "semental de mar" o "caballo de mar" podía referirse a barcos vikingos, no a pequeños animales oceánicos.

339. **A los vikingos les encantaban los acertijos y los juegos de palabras.** Muchas de sus historias tenían enigmas difíciles de resolver para los héroes.

340. **La poesía era una forma importante de la literatura vikinga** y a menudo se componía en un estilo conocido como verso aliterado, en el que muchas palabras no necesariamente riman, pero suenan de forma similar. En Islandia aún se utiliza esta forma de poesía en ocasiones.

341. **Una de las piezas más famosas de la literatura vikinga es la Edda poética,** que es una colección de mitos y leyendas nórdicos.

342. **La Edda prosaica es otra obra famosa de la literatura vikinga y contiene relatos sobre la mitología nórdica.** Gran parte de lo que sabemos sobre las creencias vikingas procede de la Edda poética y la Edda prosaica.

343. **Los cuentos vikingos a menudo contenían lecciones morales y advertencias,** como la historia de cómo Loki engañó a los dioses y causó la muerte de Balder.

344. **Las comunidades vikingas y las cortes reales tenían "skalds".** Estos hombres se pasaban la vida memorizando poemas antiguos y escribiendo otros nuevos.

345. **Muchas de las historias de la literatura vikinga han sido adaptadas al cine y la televisión,** como las películas de Marvel sobre Thor y las series de televisión Vikingos y Vikingos: Valhalla.

Idioma

En este capítulo exploraremos **la fascinante lengua de los vikingos**. Descubriremos quince datos sobre su alfabeto, palabras y frases únicas. También conoceremos **los documentos más antiguos que se conservan escritos en nórdico antiguo,** un poema encontrado en un collar de oro y cómo la tecnología moderna está ayudando a preservar la lengua y la cultura vikingas para las generaciones futuras.

346. **Los vikingos hablaban nórdico antiguo,** que tenía muchos dialectos, como el nórdico oriental (sueco), el nórdico occidental (noruego) y el islandés. En la actualidad, el islandés moderno es la lengua más emparentada con el nórdico antiguo de la época vikinga.

347. **El alfabeto vikingo se llamaba Futhark** y tenía veinticuatro caracteres que representaban los sonidos del habla. **Se decía que estos caracteres o runas representaban ideas o fuerzas de la naturaleza** y se creía que poseían poderes místicos.

348. **Muchas palabras del inglés moderno proceden del nórdico antiguo,** como "husband" (marido), "trust" (confianza), "gift" (regalo) y "heaven" (cielo).

349. **El nórdico antiguo también tiene algunas palabras y frases interesantes** que no tienen traducción directa al español. Por ejemplo, la palabra **hugur** significaba tanto **"mente"** como **"corazón",** lo que demuestra que los vikingos veían estas cosas como conectadas.

350. **Hay muchas interpretaciones sobre a qué se refiere la palabra "vikingo".** Muchos creen que la palabra tiene sus raíces en la palabra nórdica para **"bahía".** Otros creen que tiene que ver con ser un **"viajero".** Aunque la palabra es ahora sinónimo de "guerrero", es probable que no sea lo que significa "vikingo".

351. **Algunos guerreros vikingos se llamaban a sí mismos Ulfhednar, que significa "piel de lobo".** Se creía que habían despertado en ellos la habilidad y ferocidad de lucha del lobo.

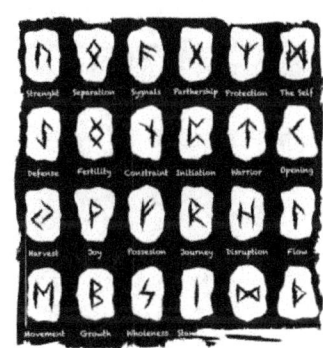

352. **Los vikingos utilizaban muchos apodos** y palabras descriptivas en su lengua. Por ejemplo, podían llamar a alguien **"Costado de hierro"** si era fuerte o **"Barbaroja"** si era pelirrojo.

353. **Los vikingos difundieron su lengua a medida que viajaban** y se asentaban en otras tierras, por lo que en 1100 ya se hablaba desde Islandia hasta Rusia.

354. **Los vikingos a veces se enzarzaban en lo que podríamos llamar batallas de rap,** cada uno contando una historia o un poema o intercambiando insultos amistosos.

355. **Las historias nórdicas antiguas sobre dioses como Odín y Thor se registraron en libros conocidos como sagas,** que se escribieron en Islandia en el siglo XIII. ¡Muchas se siguen leyendo hoy en día!

356. **La primera traducción de la Biblia a una lengua escandinava, pero en letras latinas apareció hacia 1180.**

357. **El primer libro impreso en Islandia se imprimió en 1540.** Era una Biblia escrita en nórdico antiguo.

358. **El hombre al que se atribuye la primera recopilación y redacción de gran parte de las sagas vikingas de Islandia fue Snorri Sturluson,** un cacique, poeta y legislador que vivió entre 1179 y 1241.

359. Aunque **la lengua vikinga ha cambiado con el tiempo,** sigue viva en muchas lenguas germánicas modernas, como el inglés, el alemán, el holandés y las lenguas escandinavas.

360. **Los historiadores y etimólogos** (personas que estudian la historia de las lenguas) aprenden más sobre el nórdico antiguo todo el tiempo.

Música

Este capítulo explorará **la música de los vikingos.** Descubriremos quince datos sobre sus instrumentos y técnicas. Aprenda más sobre por qué **cantaban y utilizaban la música en la vida cotidiana.**

361. **La música vikinga era una parte importante de la vida cotidiana** y se tocaba en muchos acontecimientos y ocasiones diferentes.

362. **La música se componía principalmente para arpas primitivas, laúdes y otros instrumentos de cuerda.** La mayor parte de lo que sabemos sobre la música vikinga procede de la tradición y de los escritos de personas de otras culturas.

363. **Las sagas vikingas contienen muchas referencias a la música,** como la historia de los bardos que cantaban la canción de Ragnar Lodbrok.

364. **La música vikinga** presentaba a menudo patrones rítmicos repetitivos y melodías sencillas.

365. **La música vikinga** solía ir acompañada de cantos, cánticos y palmas.

366. **Los vikingos tenían un género musical conocido como galdr,** que era un tipo de canto mágico utilizado para invocar a dioses y espíritus. El galdr solía ser cantado por sacerdotisas.

367. **La música vikinga se utilizaba a menudo en ceremonias religiosas.**

368. **La música se utilizaba a menudo para celebrar acontecimientos importantes,** como bodas y funerales.

369. **La música de la Era Vikinga podría haber presentado una forma de improvisación conocida como kulning,** que es un tipo de técnica vocal utilizada por las mujeres para llamar a su ganado. Hoy en día se utiliza en algunos lugares de Escandinavia, aunque se trata más de una tradición cultural que práctica.

370. **La música vikinga presentaba a menudo una forma de polifonía conocida como drone,** que es un tipo de armonía de dos notas.

371. **La música se utilizaba a menudo para acompañar historias y poemas** y darles una capa extra de emoción.

372. **Los vikingos fabricaban instrumentos musicales con huesos de animales,** como cuernos de reno y escápulas de oveja. También utilizaban cuero de vaca y quizá pieles de foca para los tambores.

373. **Los tambores se tocaban a menudo durante las batallas** como forma de elevar la moral e intimidar al enemigo.

374. **La música vikinga se tocaba con instrumentos de cuerda y percusión.** Algunos instrumentos estaban decorados con tallas y diseños intrincados.

375. **En los últimos años, grupos musicales, en su mayoría de Escandinavia, han intentado recrear la música vikinga** utilizando instrumentos caseros que los vikingos podrían haber tenido. A veces, estos instrumentos tradicionales se emparejan con instrumentos modernos como guitarras eléctricas y sintetizadores.

Ropa

En este capítulo exploraremos quince **datos sobre la indumentaria vikinga.** Aprenda sobre sus tejidos, tintes, diseños y mucho más.

376. **Los vikingos confeccionaban sus ropas con diversos materiales, como lana, lino y cuero.** La lana era el tejido más común, ya que era cálido y duradero. La piel de foca impermeable también era popular.

377. **Los vikingos eran conocidos por el uso de pieles en la ropa.** A menudo llevaban adornos de piel en su ropa o utilizaban pieles para recubrir sus capas y abrigos para darles más calor.

378. **Los vikingos utilizaban a menudo tintes naturales para colorear sus ropas,** incluyendo plantas como el glasto, la rubia roja y la gualda. Estos tintes creaban una gama de colores, desde amarillos y rojos brillantes hasta azules y verdes profundos.

379. **Las mujeres vikingas solían llevar un vestido delantal,** que era una prenda sencilla sin mangas hecha de lana o lino. El vestido se sujetaba con dos tirantes y a menudo se adornaba con bordados o adornos trenzados.

380. **Los hombres vikingos vestían túnicas de lana o lino,** a menudo decoradas con bordados o ribetes sencillos. Sobre la túnica, podían llevar un chaleco de piel o cuero para abrigarse.

381. **Los vikingos también llevaban capas hechas de lana o pieles de animales,** que se sujetaban al hombro con un broche. El manto podía llevarse sobre los hombros o enrollado alrededor del cuerpo para abrigarse.

382. **Las mujeres vikingas llevaban pañuelos o gorros para cubrirse el pelo,** mientras que los hombres solían llevar sombreros de lana o cuero.

383. **Los vikingos llevaban calzado variado, como zapatos de cuero, botas y sandalias.** También podían llevar envolturas para las piernas hechas de lana o lino. En Noruega, en 2022, se encontró un par de zapatos de cuero de la época vikinga tras el deshielo de un glaciar. Estaban en muy buen estado y estaban muy bien fabricados.

384. Los vikingos solían utilizar cinturones para ceñirse la ropa a la cintura. Estos cinturones podían estar decorados con hebillas de metal, colgantes u otros ornamentos.

385. Los vikingos también utilizaban joyas para adornar su ropa, como broches, anillos para el brazo y collares. Estos artículos se fabricaban a veces con metales preciosos y se decoraban con intrincados diseños o piedras preciosas.

386. La ropa vikinga estaba diseñada para ser práctica y funcional. Por ejemplo, la ropa podía confeccionarse para facilitar los movimientos o para proteger de los elementos.

387. Los vikingos también utilizaban la ropa para expresar su estatus social y su riqueza. Por ejemplo, los vikingos más ricos podían llevar ropa confeccionada con tejidos más lujosos o llevar prendas adornadas con decoraciones más elaboradas.

388. Los vikingos también utilizaban su ropa para hacer una declaración sobre su identidad cultural. Por ejemplo, sus ropas podían presentar diseños o símbolos que representaban a su clan o familia.

389. La ropa vikinga se diseñaba a menudo de forma que pudiera ajustarse fácilmente para adaptarse a diferentes situaciones o condiciones climáticas. Por ejemplo, una capa podía utilizarse como manta para dormir, o una túnica podía llevarse bajo la armadura para la batalla.

390. La ropa vikinga se diseñaba a menudo para durar muchos años. Las prendas podían repararse o remendarse con el tiempo y a menudo se transmitían de generación en generación como reliquias familiares.

Joyería

Este capítulo explorará el fascinante **mundo de la joyería vikinga.** Desde anillos para el brazo hasta collares, descubriremos veinte datos sobre su artesanía, técnicas y símbolos. Aprenderemos **cómo utilizaban los metales preciosos, las piedras y los diseños** para significar estatus, expresión religiosa e incluso protección mágica.

391. **Las joyas vikingas se fabricaban principalmente con plata y bronce.**

392. **Los vikingos utilizaban a veces piedras preciosas** en sus joyas, como la amatista, el granate y el ámbar.

393. Las joyas vikingas se fabricaban a menudo mediante el método de fundición a la cera perdida, en el que un modelo de cera se encajona en un molde. La cera se funde, dejando un espacio hueco para que se vierta el metal fundido.

394. **Las joyas vikingas solían estar intrincadamente diseñadas y decoradas con motivos,** como animales, pájaros y criaturas mitológicas.

395. **Los vikingos utilizaban a veces técnicas de alambrismo** para crear intrincados dibujos y diseños en sus joyas.

396. **Mucha gente está familiarizada con los intrincados y decorativos diseños vikingos conocidos como "entrelazados".** Había muchos estilos de entrelazados. Algunos eran regionales y algunos eran más populares que otros.

397. **El diseño de la joyería vikinga evolucionó con el tiempo,** con piezas anteriores que presentaban diseños más sencillos y piezas posteriores cada vez más elaboradas y adornadas.

398. **Algunas joyas vikingas tenían inscripciones que pretendían proteger al portador de cualquier daño.**

399. Los intrincados diseños de las **joyas vikingas tenían a menudo significados simbólicos,** como representar el poder de los dioses o el mundo natural.

400. **El diseño de las joyas vikingas estaba influido por las culturas y estilos** de las zonas con las que los vikingos comerciaban e incursionaban, como la bizantina, la celta y la anglosajona.

401. **Las joyas las llevaban hombres, mujeres y niños.** Cuanto más rica era la persona, más valiosas eran sus joyas, al igual que hoy en día.

402. Los anillos vikingos para el brazo eran un tipo común de joya. A menudo se entregaban como símbolo de lealtad o se llevaban como símbolo de estatus.

403. **También eran populares los collares vikingos,** con colgantes con símbolos como el martillo de Thor, cuervos o las valquirias.

404. **Los brazaletes vikingos se utilizaban a veces como una forma de moneda,** ya que a menudo se fabricaban con metales preciosos.

405. **A veces se regalaban joyas,** ya fuera para cimentar alianzas o como muestra de amor y afecto.

406. **La joyería vikinga también se utilizaba a veces como forma de expresión religiosa,** con colgantes y amuletos con símbolos de dioses y diosas nórdicos.

407. **Algunas joyas vikingas estaban diseñadas para ser funcionales además de decorativas,** como los anillos para el brazo, que podían utilizarse para medir porciones de metal precioso.

408. **Los vikingos a veces enterraban a sus muertos con joyas,** creyendo que les acompañarían al más allá.

409. **Los objetos enjoyados solían proceder del comercio o de incursiones y guerras.** Las joyas preciosas no suelen encontrarse de forma natural en Escandinavia. Muchas joyas y cruces enjoyadas, copas y otros objetos fueron tomados de ciudades y monasterios de Inglaterra y Francia.

410. **Algunas joyas vikingas fueron fabricadas por maestros artesanos muy hábiles** en el trabajo del metal y que a veces incluso tenían sus propios talleres y aprendices.

Metalurgia

Este capítulo explorará **el fascinante arte de la metalurgia vikinga.** Descubriremos diez datos sobre las herramientas, los materiales y las técnicas utilizadas por estos maestros artesanos para crear **desde intrincadas joyas hasta poderosas armas.** Adentrémonos en el mundo del trabajo vikingo del metal y descubramos los secretos de este extraordinario arte.

411. **Los vikingos eran muy hábiles fabricando cosas de metal,** como armas y joyas.

412. **Los vikingos utilizaban diferentes tipos de metal,** como hierro, bronce, plata y oro.

413. **Escandinavia es rica en hierro y cobre,** que se utilizaron en la mayor parte de la metalurgia vikinga.

414. **Los metalúrgicos vikingos utilizaban el calor para dar forma al metal** y luego lo martilleaban cuando estaba caliente.

415. **Algunas hojas de espadas vikingas eran mejores que las de la mayoría de las espadas de otros europeos** porque se fabricaban superponiendo diferentes tipos de metal.

416. **A los vikingos les gustaba poner imágenes de animales y dioses** de sus historias en sus trabajos en metal.

417. **Los artesanos vikingos elaboraban intrincados patrones en objetos de metal,** como espirales y anudados.

418. **Muchos artesanos aprendieron sus habilidades de sus padres** y abuelos y las transmitieron a sus hijos.

419. **Fabricar objetos de metal era muy importante para los vikingos.** Los artículos de metal de lujo mostraban si una persona era importante, rica y respetada en su comunidad.

420. **Los artesanos vikingos e irlandeses se influyeron mutuamente en gran medida.** Por ejemplo, los nórdicos fundaron la ciudad de Dublín y surgió una nueva cultura llamada "hiberno-nórdico".

Historia Vikinga

Arte y arquitectura

Este capítulo explorará quince datos sobre la rica historia del arte y la arquitectura vikingos. Desde intrincadas tallas de madera con incrustaciones de marfil de morsa hasta escenas de la mitología nórdica, aquí hay algo para todos los gustos.

421. **Los artistas escandinavos decoraron joyas, prendas de vestir, armas y edificios,** como casas comunales, santuarios y, más tarde, iglesias.

422. **Las casas y edificios vikingos solían ser de madera y tener tejados de paja.** Las iglesias solían tener paredes de piedra adornadas con tallas o pinturas que representaban escenas religiosas.

423. **El ejemplo más famoso de arquitectura vikinga es probablemente la iglesia de madera de Borgund,** situada cerca de Bergen, Noruega. Esta iglesia lleva en pie desde 1180 y es un excelente ejemplo de los primeros métodos de construcción en madera utilizados por los nórdicos de la época.

424. **Las casas comunales vikingas eran el centro de la vida familiar vikinga.** Estas casas solían estar hechas de madera y césped y eran muy largas, a veces de más de cien pies.

425. **Los animales vivían en las casas comunales.** En invierno, sus cuerpos proporcionaban calor, ¡y probablemente mal olor!

426. **Las casas estaban divididas en diferentes zonas para preparar la comida, dormir y almacenar.** A menudo incluían un hogar central para calentarse y cocinar.

427. **Su arte incluía a menudo imágenes de animales o dioses,** como Odín, Thor y Freyja.

428. Una forma popular de arte vikingo era la talla en madera, que a menudo podía encontrarse en objetos como peines o joyeros.

429. El material más lujoso utilizado en el arte era el marfil de morsa. El marfil se tallaba en intrincados diseños en los que aparecían criaturas míticas o incluso objetos cotidianos como barcos.

430. Hoy en día también existen muchas piezas de metalistería vikinga. Algunas son esculturas, mientras que otras son obras más decorativas con inscripciones rúnicas.

431. La joyería era muy popular durante esta época. Sus joyas presentaban a menudo diseños intrincados o piedras preciosas engastadas en oro o plata.

432. Los vikingos apreciaban mucho las joyas del Imperio bizantino y de los imperios árabe y persa. En las tumbas de la época vikinga y en los centros comerciales de Escandinavia se han encontrado muchos objetos procedentes de estas partes del mundo.

433. Algunos ejemplos de joyería vikinga son los brazaletes (a menudo hechos de hebras retorcidas de metal), que llevaban tanto hombres como mujeres como signo de riqueza o estatus dentro de la comunidad.

434. Otra forma popular del arte vikingo eran los tapices, que podían abarcar desde sencillos motivos geométricos hasta complejas escenas que mostraban batallas entre dioses y gigantes.

435. Los vikingos han dejado tras de sí un legado que aún hoy se siente en todo el mundo. Sus obras de arte, su arquitectura y su cultura siguen inspirando a personas de todo el planeta.

Religión y mitología nórdica
(800-1100)

Este capítulo explorará **la fascinante religión de los vikingos** y sus creencias sobre el destino, los dioses y la vida después de la muerte. Echaremos un vistazo a treinta datos **interesantes sobre sus rituales,** como los sacrificios y el culto a los antepasados. ¡Descubra **historias de dioses, como Thor y Loki, que lucharon contra gigantes, monstruos y dragones!**

436. **Los cristianos, musulmanes y judíos llamaban paganos a los vikingos porque no adoraban a Dios,** sino a muchos dioses y diosas diferentes. Muchos creían que los dioses controlaban sus destinos y que la suerte estaba determinada por ellos.

437. **Los dioses vikingos más conocidos eran Odín, Thor, Freyja y Freyr,** que gobernaban en la ciudad celestial de **Asgard,** aunque todos los dioses tenían sus propios salones y castillos. Por ejemplo, el salón de Odín es el famoso Valhalla, y el de Freyja es Sessrumnir.

438. **Los vikingos creían en el Valhalla,** la sala de los guerreros muertos. Creían que los guerreros irían allí si morían valientemente en la batalla. Se reunirían con sus amigos por toda la eternidad bajo el gobierno de Odín.

439. **Las Valquirias eran mujeres guerreras que servían en el ejército de Odín.** Ellas elegían a los héroes caídos que irían al Valhalla tras morir en batalla.

440. **No todos los guerreros iban al Valhalla tras la muerte.** Los vikingos creían que la mitad de los guerreros muertos iban al Valhalla mientras que la otra mitad iba a Sessrumnir.

441. **Los que fueron a Helheim,** que fueron casi todos, pasaron la eternidad en un paisaje gris y sin vida.

442. **Helheim** (el hogar de los muertos) estaba gobernado por la hija de Loki, Hel.

443. **Se creía que los dioses eran capaces de realizar actos buenos o malos,** dependiendo de cómo se les tratara. Por ejemplo, Odín podía conceder una gran sabiduría, pero también castigar a quienes no le rendían respeto.

444. **La mitología nórdica también incluía gigantes, enanos, elfos y otras criaturas, como dragones o monstruos marinos,** que habitaban diferentes partes del mundo según las creencias vikingas.

445. Algunas personas en Escandinavia, especialmente en Islandia, aún mantienen la creencia de **que elfos y trols invisibles viven** entre ellos en la actualidad. Sin embargo, para muchos, esta creencia es más una costumbre que una creencia real.

446. Los relatos de los dioses a menudo implicaban combates o problemas con los gigantes (llamados jotuns en lengua nórdica) o trols, de los que se decía que vivían en las profundidades de las montañas o los bosques.

447. Los vikingos creían que el universo estaba formado por nueve reinos diferentes, cada uno de los cuales estaba habitado por seres distintos.

448. Los vikingos creían que los dioses visitaban Midgard (el mundo humano) bajo diversas formas, como animales o tormentas.

449. A Odín se le llamaba a menudo "el Errante" y se decía que a veces vagaba disfrazado por la Tierra.

450. Odín era el dios principal de la religión vikinga, ya que se le asociaba con la sabiduría, la guerra y la magia. Muchos gritaban su nombre durante las batallas para asegurarse la victoria.

451. Según la mitología nórdica, los primeros humanos fueron creados por Odín y sus dos hermanos. Hicieron un hombre y una mujer de un fresno y un olmo.

452. Odín tenía dos cuervos llamados Huginn (Pensamiento), y Muninn (Memoria), que volaban alrededor del mundo cada día. Regresaban a Odín al final de cada jornada para contarle lo que habían visto y oído.

453. Odín tenía dos lobos llamados Freki y Geri, que actuaban como sus compañeros. A menudo le acompañaban en sus viajes por Midgard o cuando estaba en batalla.

454. En la mitología nórdica, Thor tenía un martillo mágico (Mjöllnir). Los vikingos creían que cuando golpeaba algo, salían disparados de él tres rayos. Este martillo era el arma más poderosa del universo, con la posible excepción de la **lanza de Odín, Gungnir.**

455. Freyr, hijo de Njord, fue otra figura importante en la cultura vikinga. Representaba la fertilidad, la paz y el amor.

456. **Freyja, la hermana gemela de Freyr,** era conocida por su belleza, pero también tenía poderes sobre la muerte, la fertilidad, el amor y la magia. Se dice que **traía la luz a la oscuridad** cantando hermosas canciones sobre las alegrías de la vida, incluso en los momentos difíciles.

457. **Las creencias vikingas incluían una profecía del fin del mundo llamada Ragnarök,** que predecía una gran batalla entre las fuerzas lideradas por Odín, Thor y los demás dioses contra gigantes, monstruos y dragones.

458. **Los vikingos confiaban en las runas para comunicarse con los dioses y leer sus destinos.** Las runas vikingas eran muy sencillas y no servían para escribir nada más corto que pequeñas frases o signos.

459. **Los vikingos creían que cada ser vivo tenía su propia alma o espíritu llamado fylgja (que significa "seguidor"),** que les acompañaba a lo largo de la vida. A menudo se representaba a la fylgja guiando a alguien, tal vez proporcionando alertas que podríamos atribuir al instinto animal.

460. **Los vikingos creían que todos los seres vivos poseían un poder interior llamado suerte o hamingja en nórdico,** que podía utilizarse con fines buenos o malos según la situación.

461. **Los rituales, como los sacrificios,** eran una parte importante de la religión vikinga. Los vikingos sacrificaban a menudo animales u objetos como joyas para apaciguar a los dioses o pedir ayuda en tiempos difíciles.

462. **Durante la Era Vikinga, algunas mujeres de la comunidad practicaban habitualmente un tipo de magia llamada seidr.** Consistía en utilizar hechizos para invocar cosas y realizar rituales especiales para predecir el futuro. Esta práctica era muy valorada y se consideraba una parte importante de la cultura vikinga.

463. **La religión vikinga también incluía el culto a los antepasados.** Muchos creían que los espíritus de sus antepasados les protegerían y les guiarían a lo largo de la vida.

464. En los últimos tiempos, los **arqueólogos han propuesto** la idea de que a los niños que morían a menudo se les colocaban los huesos dentro o cerca de la puerta o el marco de la casa para vigilarlos y prevenirlos contra los malos espíritus.

465. Los vikingos celebraban festivales todos los años para honrar a sus dioses, como Yule (solsticio de invierno), **la Fiesta de Aegir** (en honor del dios del mar), **Ostara** (equinoccio de primavera) y **Midsummer** (solsticio de verano). La gente lo celebraba festejando, bebiendo, bailando y jugando.

Costumbres funerarias vikingas

Este capítulo explorará **las fascinantes costumbres funerarias de los vikingos**. Descubriremos veinte datos **sobre sus costumbres y creencias,** explorando **cómo preparaban el cuerpo para el entierro** y **qué objetos se colocaban en las tumbas** para ayudar a protegerlos tras la muerte o proporcionarles orientación en su viaje hacia el futuro. Desde banquetes funerarios en los que se intercambiaban historias hasta piedras mágicas que actuaban como barreras, ¡descubrirá algo nuevo que no sabía!

466. **Algunos cuerpos fueron incinerados mientras que otros se dejaron insepultos debido a las creencias religiosas** asociadas a las diferentes regiones donde vivían los vikingos. Por ejemplo, los que vivían más cerca de las zonas costeras pudieron optar por la incineración, mientras que los que vivían en el interior decidieron no hacerlo.

467. **Los túmulos se construían sobre las tumbas.** Se pensaba que así se protegía el cuerpo de cualquier fuerza maligna que pudiera intentar entrar a través de aberturas a nivel del suelo, como puertas o ventanas.

468. **Para proteger aún más una tumba, muchos vikingos optaban por colocar piedras a su alrededor** como precaución adicional. **Estas piedras actuaban como barreras mágicas** que impedirían la entrada de cualquier espíritu maligno por medios sobrenaturales, como volar por encima o excavar por debajo.

469. **Los enterramientos vikingos solían tener lugar en terrenos elevados con vistas al mar** para simbolizar una conexión entre este mundo y el más allá. Se pensaba que estas tumbas facilitaban el viaje a los que cruzaban al Valhalla.

470. En algunos casos, **los vikingos quemaban sus barcos cuando alguien fallecía.** Se pensaba que esto simbolizaba la quema de las posesiones mundanas.

471. **A veces se utilizaban piras funerarias para quemar los cadáveres.**

472. **Antes de los rituales funerarios tenía lugar un banquete conocido como symbel.** Los miembros de la religión nórdica bebían hidromiel juntos e intercambiaban historias sobre los que habían fallecido. La ceremonia tenía fines prácticos y espirituales.

473. **Los ojos y la boca del difunto se cerraban para que los espíritus malignos no pudieran entrar en el cuerpo.**

474. **En las sepulturas de los varones se colocaba un martillo o un hacha como signo de fuerza y valor.** Muchas tumbas de mujeres contenían herramientas para tejer, símbolo de las habilidades de la vida doméstica como hilar hilo o tejer telas.

475. **Muchos varones vikingos eran enterrados con un peine.** Los relatos de extranjeros incluyen a menudo referencias a que ¡los vikingos se preocupaban por su pelo!

476. **Armas como lanzas, espadas o escudos solían enterrarse con los guerreros** para que les protegieran en la otra vida de cualquier enemigo que encontraran allí.

477. **Para asegurarse un paso seguro al Valhalla** (la gran sala adonde van los guerreros muertos), un vikingo hacía enterrar con él su caballo o su carro.

478. **También se colocaban alimentos y bebidas, como cerveza o hidromiel, en las tumbas.** Se creía que los espíritus disfrutaban dándose un festín con estos artículos cuando ¡los visitaban desde el más allá!

479. **A veces se sacrificaba ganado y otros animales como parte de los rituales funerarios** para mantener al difunto en la otra vida.

480. **En algunos casos, se cree que los esclavos o sirvientes eran asesinados voluntariamente por sus amos antes de ser enterrados junto a ellos.** Esto era un signo de su lealtad y garantizaba que servían a sus amos en la muerte.

481. **Ciertas joyas como collares, brazaletes y anillos pueden haber sido llevadas por los vikingos durante su vida y luego depositadas en las tumbas a su muerte.** Las joyas simbolizaban la riqueza de una persona dentro de la sociedad.

482. **Los objetos de la tumba, como joyas o armas, podían utilizarse como pago al barquero que llevaba a las almas a través del río al más allá.** Estos objetos solían dejarse en la cabecera de la tumba y no dentro de ella para que los individuos pudieran acceder a ellos fácilmente cuando los necesitaran.

Historia Vikinga

483. Es probable que los objetos que se creía que poseían magia fueran enterrados con los muertos para ayudarles a guiarles o protegerles en la otra vida.

484. En algunos casos, se han encontrado tumbas con figuras de madera colocadas en su interior, tal vez representando a los fallecidos o a sus familiares.

485. Durante años se pensó que un vikingo enterrado cerca de Birka, un gran centro comercial vikingo en Suecia, era un hombre. Exámenes posteriores han determinado que la persona que estaba dentro era una mujer rodeada de armas, **lo que ha llevado a algunos a creer que las escuderas eran realmente reales.**

Vikingos famosos
(800-1066)

En esta sección, le **presentaremos rápidamente a diez famosos hombres y mujeres vikingos,** desde el legendario **Ragnar Lodbrok** hasta el poderoso **Harald Blåtand**.

486. **Ragnar Lodbrok** pudo o no haber sido una persona real. Para cuando ciertos hombres afirmaban ser sus hijos, el verdadero Ragnar podría haberse perdido en la memoria o haberse convertido en leyenda. **A Ragnar se le atribuye haber asediado París en 845.**

487. Puede que la **princesa Aslaug** fuera una persona real, pero aparece en tres sagas diferentes haciendo cosas distintas y relacionándose con personas diferentes. Doscientos años después de que terminara la Era Vikinga, fue descrita como **la esposa de Ragnar Lodbrok.**

488. **Guthrum fue un famoso vikingo danés** que participó en la invasión de Inglaterra en 870/71. Finalmente llegó a un acuerdo con los sajones y se convirtió en el **gobernante cristiano de Anglia Oriental.**

489. **Ivar el Deshuesado** fue una persona real, pero aún no sabemos por qué le llamaban **"deshuesado"**. Puede que fuera discapacitado, o puede que fuera muy flexible. Ivar y sus hermanos tomaron York en 866.

490. **Thorfinn Karlsefni** dirigió la segunda expedición a Vinland, donde él y su grupo se establecieron en L'Anse aux Meadows.

491. En el siglo XII, la historia de la **reina Lagertha** fue escrita por el historiador Saxo Grammaticus en su libro **Gesta Danorum,** pero se cree que es casi totalmente ficticia. Según la historia, Ragnar Lodbrok se enamora de ella por su habilidad en la batalla y consigue una victoria sobre un gran rey noruego.

492. **Bjorn Costado de Hierro** asaltó muchos lugares del Mediterráneo, incluida la pequeña ciudad del norte de **Italia de Luni,** que él creía que era la gran ciudad de Roma.

493. En los libros y la serie de televisión titulados El último reino, el **guerrero Hastein** es retratado como un vikingo escurridizo y poco de fiar. Sabemos que hubo un famoso guerrero vikingo llamado **Hastein** que acompañó a Bjorn Costado de Hierro en el Mediterráneo y Francia.

494. Los normandos eran primos no tan lejanos de los vikingos. **Hrolf Ganger,** más conocido como **Rollo,** también era llamado Hrolf el Caminante porque, según se dice, sus piernas eran tan largas que tocaban el suelo cuando montaba a caballo. **Rollo era probablemente un vikingo noruego** al que el rey de Francia concedió tierras en lo que se conoció como Normandía (**"Tierra de los hombres del norte"**) para proteger su reino contra otros vikingos.

495. **Leif Eriksson y Freydis Eiriksdottir** eran hijos del famoso guerrero **vikingo Erik el Rojo,** a quien se atribuye el establecimiento del primer asentamiento vikingo en Groenlandia.

Declive

Este capítulo explorará el **declive de los vikingos entre 1050 y 1066**. Descubra algunos de los factores que contribuyeron a la **disminución de su poder**. ¡Disfrute de estos cinco últimos datos sobre la apasionante **historia de los vikingos**!

496. **El declive vikingo** se refiere al periodo en Europa en el que la influencia de los vikingos decayó y sus países de origen se centralizaron en torno a uno o dos reyes poderosos.

497. **Parte de su declive se debió a que otros países de Europa, como Inglaterra y Francia,** se hicieron más fuertes y pudieron resistir sus ataques.

498. **Los cambios climáticos de los siglos XI y XII afectaron al crecimiento de los cultivos** y provocaron hambre y malnutrición generalizadas, lo que dio lugar a dolencias y enfermedades.

499. **Muchos vikingos también se convirtieron al cristianismo,** lo que significa que dejaron de practicar su religión tradicional. Al menos en teoría, podían comerciar y negociar con los cristianos más fácilmente, ya que ellos mismos eran cristianos.

500. **Noruega, Suecia y Dinamarca estaban todas en proceso de convertirse en reinos unificados.** Esto significaba que a menudo había guerras entre rivales regionales. Se necesitaba gente en casa para luchar por un rey en particular en lugar de aventurarse en el extranjero.

Conclusión

Al leer este libro, los lectores han tenido la oportunidad **de explorar la historia vikinga** desde varias perspectivas diferentes. Hemos examinado su **expansión y asentamiento en Europa y Norteamérica** y cómo utilizaron el comercio y la exploración para obtener beneficios u otros fines estratégicos. Se ha examinado de cerca **su cultura,** como sus **incursiones, política, religión, guerra y estilos artísticos.** Además, hemos desvelado secretos sobre sus costumbres funerarias, revelando mucho sobre sus creencias en la vida después de la muerte, a la vez que aprendemos por qué personas tan influyentes acabaron desapareciendo.

En conclusión, el lector debería sentir un **nuevo aprecio** por una de las civilizaciones más interesantes de la historia de la humanidad tras realizar **este viaje a través de la cultura y la sociedad vikingas.** Si le ha gustado este libro, le animamos a leer más sobre **la época vikinga,** ya que hay muchos más datos interesantes sobre su vida e historia que puede descubrir.

FUENTES

Clements, Jonathan. *Breve historia de los vikingos*. Robinson, 2013.

Eriksen, Marianne H. Arquitectura, sociedad y ritual en la Escandinavia de la Edad Vikinga: Puertas, viviendas y espacio doméstico. Cambridge: Cambridge University Press, 2019.

Jarman, Cat. River Kings: Una nueva historia de los vikingos desde Escandinavia hasta las rutas de la seda. Nueva York: Simon & Schuster, 2022.

Price, Neil Hijos del fresno y el olmo: Una historia de los vikingos. Nueva York: Basic Books, 2020.

Sawyer, Peter. *La historia ilustrada de Oxford de los vikingos*. Oxford Illustrated History, 2001.

Forbes, A. (2020). La era vikinga: Una visión general. History.com. https://www.history.com/topics/ancient-history/viking-age.

Erikson, Leif (2020). Enciclopedia Británica. https://www.britannica.com/biography/Leif-Erikson

BBC (2016). Inglaterra anglosajona. BBC. https://www.bbc.co.uk/history/british/anglo_saxons/

Strickland, M. y Hardy, R. (2004). *El gran ejército pagano en Inglaterra, 865-878*. Boydell & Brewer Ltd. https://books.google.com/books?id=0h7lDwAAQBAJ&printsec=frontcover#v=onepage&q&f=true

"La era vikinga". Los vikingos en Gran Bretaña, Archivos Nacionales, www.nationalarchives.gov.uk/education/vikingage/default.htm

"Vikingos: Hechos e Historia". National Geographic, National Geographic Society, www.nationalgeographic.com/history/ancient-history/vikings/

Price, N. S. (2002). La vía vikinga: Religion and War in Late Iron Age Scandinavia. Aarhus University Press, Aarhus.

Jesch, J. (2001). *Las mujeres en la era vikinga*. Boydell Press, Woodbridge.

Snorri Sturluson, H. (2005). *La Edda prosaíca: Mitología nórdica*. Penguin Books.

Hollander, Lee M. *La Edda poética: Traducida con una introducción*. University of Texas Press, 1962.

Lindow, John Mitología nórdica: Una guía de los dioses, héroes, rituales y creencias. Oxford University Press, 2002.

Mira otro libro de la serie

www.ingramcontent.com/pod-product-compliance
Lightning Source LLC
Chambersburg PA
CBHW060415010526
44107CB00006B/696